写给家长的

器物美学

李碧虹 / 著

海峡出版发行集团
福建教育出版社

图书在版编目（CIP）数据

写给家长的器物美学/李碧虹著. 一福州：福建教育出版社，2024.12. 一ISBN 978-7-5758-0149-2

Ⅰ.K875.04

中国国家版本馆 CIP 数据核字第 2024E59A63 号

Xie Gei Jiazhang De Qiwu Meixue

写给家长的器物美学

李碧虹　著

出版发行	福建教育出版社
	（福州市梦山路 27 号　邮编：350025　网址：www.fep.com.cn
	编辑部电话：0591-83786469
	发行部电话：0591-83721876　87115073　010-62024258）
出 版 人	江金辉
印　　刷	福州印团网印刷有限公司
	（福州市仓山区建新镇十字亭路 4 号）
开　　本	710 毫米×1000 毫米　1/16
印　　张	13
字　　数	167 千字
版　　次	2024 年 12 月第 1 版　2024 年 12 月第 1 次印刷
书　　号	ISBN 978-7-5758-0149-2
定　　价	52.00 元

如发现本书印装质量问题，请向本社出版科（电话：0591-83726019）调换。

前 言

美，是什么？审美，又是怎样的活动？

对此，既有遥远陌生的哲学追问，又有直击心灵的心理学探讨。对于父母们来说，当然更普遍的情况是：我们希望孩子以及自己都拥有美的外表和心灵，过着审美的诗意生活。

审美需要学习吗？

似乎是需要的。你看，在美院熏陶过多年的朋友，不仅懂艺术，还更懂生活中的美：用品购置、美妆服饰、家居设计，在他们那儿，不仅美，还仿佛产生了一种特殊的味道。什么味道呢？说不清，但能让人感觉到。于是你会觉得，他们很懂审美，很有眼光。

不过再看看，古今中外研究美学的哲学专家、心理学学者，自身倒并不一定都富有审美情趣呢。比如在《美学讲稿》中，易中天老师以朱光潜老先生、美学大师康德为例，说他们并不会买衣服、欣赏女人或者艺术品。

然而，正是这些高深学问从源头上回应着现实层面的问题，就像高举火炬的领跑者那样，才让美的创造不断进步。

而作为普通人，更关心的也许是身边的学问。让我们将眼光收回到自己身边：总有一些这样的朋友，并没有正规美学教育经历，但是，在他们家里，你能看到一些很有意思的用品，它们并非高价购得，却牢牢抓住了你的视线，深深激起了你的遐思。主人甚至能将与之相关的或有趣、或温馨、或忧伤的故事娓娓道来。而一些你也买过的物品，被他们一摆放、安置，就突然变得灵动起来。这些颇具审美眼光的朋友，也许从未研究过美学，但他们仿佛在现身说法：审美的学问不全是知识，懂得审美并非掌握一门技术。

看来，审美需要学习，但又不全需那么正规的学习。希望自己懂审美，并不一定要看一堆枯燥的理论；希望自己的孩子具备审美素养，也并不一定要督促他们接受专门培训，甚或攻读某个学位。

生活中的审美学问，经常就蕴藏在我们身边的普通物品中，这些物品，与美、与艺术深有渊源。

这本书就为探讨物品与审美的关系而写，尽管以器物为题，但并不局限于考古学意义上的古器物，而涉及古今中外器物的发展，以及生活中广泛使用的器皿、物品。如此选择是考虑到：我们先祖留下的古器物毫无疑问是丰厚的文化遗产，但抱着这笔丰厚的文化遗产沾沾自喜并非好的态度，并不能助力青少年的成长。因为器物始终是在全球范围内不断发展着的——在历史的洪流之中沉浮与进步，在多元文化的交流与综合之中生成。这意味着器物之美在不断丰富其内涵，意味着审美眼光既有代际传承，又有代际差别。而就文物本身来看，它们本属于非可再生资源，但是，当人们的审美视角丰富起来之时，当现代器物对古文化进行开发创新之时，古器物就会在审美维度具有可再生的性质。

对于美与审美，前人已进行了大量探索，产生了丰厚的哲学、心理学、艺术史研究的成果，但往往深奥难懂，令人望而却步，非常可惜！本书力图将通俗的表达方式，运用于行文的逻辑之中。

全书分为三个部分。

第一部分：为何选择器物来作为家庭美育的载体，这一选择对于孩子审美素质的养成具有什么优势？

第一章从器物具有怎样独特的审美价值开始，继而在第二章解开器物美感、审美之谜，父母将以此理解到，孩子审美素质的成长只能通过他们自己的亲身经历来达成，美并不能由谁来规定，审美也不能由谁来教"会"。

接下来，第三章至第五章分别讨论：器物美感、器物审美对于孩子的成长分别有什么意义，为何说器物的美育价值可以超越学校教育。

第二部分：器物之美是怎样孕育孩子审美素养的。

第六章至第十章所谈的是，在器物设计、器物形线、器物色彩、器物所蕴含的文化中，孩子的审美意识、审美能力是怎样形成的。第十一章至第十三章谈的是器物审美与积极心理、美德、秩序感的养成。

第三部分：家庭育儿运用器物之美的实践。

第三部分从如何让家庭育儿成为一门美学（第十四章）开始，采用小朋友的作品，列举运用家中、家外器物育美的具体途径（第十五、十六章），以及实践方法（第十七章）。

家中器物的运用途径包括：家务劳动、整理拼拆、家居布置、手工制作，以及运用媒介这一间接途径来鉴赏传统与现代器物。

家庭之外的途径包括：在博物馆、科技馆、美术馆等各类展馆的探索与趣味探寻，在休闲娱乐中的审美与合作，最后是家长对于复杂的活动如何选择的问题。

最后一章讨论：根据孩子的年龄阶段，器物运用如何循序渐进。首先理清孩子发展之序。然后基于此发展之序，从四个方面阐明家长需要如何做：遵从孩子的眼光，依循成长的秩序，细读孩子的作品，了解回旋式的非线性发展特征。

目 录

1 **第一篇　为何以器物育美**

4 **第一章　器物独特的审美价值**
4 　一、从静物说起
5 　二、大用与无用中的审美价值
10 　三、器物对传达美的意义

14 **第二章　器物美与审美之谜**
14 　一、器物美怎样令人痴迷
18 　二、器物美与愉悦感有何联系
21 　三、是它自身美，还是我们感觉它美
23 　四、我们是怎样审美的

27 **第三章　器物美感对孩子成长的意义：个体性与社会性**
28 　一、器物的个体性之美
30 　二、走向心灵的个体化审美体验
31 　三、器物的社会性之美
33 　四、走向心灵的动态与多样之美
36 　五、美感的个体性与社会性携手支持孩子成长

40　**第四章　器物审美对孩子成长的意义：人全面发展的一种途径**
41　一、最大的收获：生活中的自由感
43　二、蕴含学习因素：自由发展与自觉练习同步
45　三、对潜能的启发：创造性思维
48　四、对情感的丰富：陶冶性情

51　**第五章　器物的美育价值：超越学校教育**
52　一、知识和经验影响审美
54　二、学习在器物审美中自觉与不自觉地发生
55　三、孩子成长的理想是自由全面发展
56　四、并非所有的孩子将来都要成为艺术家
58　五、器物审美对学校教育的补充和超越

61　**第二篇　器物之美如何孕育审美素养**
64　**第六章　器物设计与审美意识**
64　一、器物设计唤醒了审美意识
67　二、继承与创新中的器物之美
70　三、以审美意识提升生活品位

76　**第七章　器物形线与审美能力**
77　一、圆曲之形与生命感悟
79　二、简洁线条与审美领会
82　三、立体造型与敏锐判断

85　**第八章　器物色彩与审美能力**
86　一、自然的色彩抒发审美天性
88　二、天青色的诗意激发审美联想
90　三、鲜明的色彩示范美的组织
92　四、五彩纷呈的故事性唤起探索灵感

96	第九章　中国器物的美感特色与历史地位
97	一、生活物品的实用美观
99	二、悠久文明的神秘独特
100	三、以精美工艺记录文化发展
102	四、以书画纹饰展现生命韵律
105	五、以生活情趣注入灵动之美
108	第十章　器物审美与中西文化交流
109	一、器物商贸中的文化交流之美
112	二、中国器物的文化包容之美
115	三、中国传统器物对西方文艺发展的贡献
119	第十一章　器物审美与积极心理成长
120	一、在日常接触的器物中发现和感受美
122	二、家用器物审美对情感的陶冶
125	三、器物审美对积极心理的导向
128	第十二章　器物审美与美德
129	一、美与善
130	二、器物美的美德启示
133	三、器物美与敬业、专注、耐心、坚持
135	四、器物美与创新、合作、谦虚、勇气
138	第十三章　器物审美与秩序感
139	一、大自然的秩序感启示器物创作
141	二、礼：器物色彩与古中国的社会秩序
144	三、宗教：哥特式与欧洲古人的心灵秩序
146	四、简约与经典交融：电子产品与现当代秩序
148	五、理解文化秩序是理顺审美心理的基础

第三篇　家庭育儿运用器物之美的实践

第十四章　家庭育儿是一门美学
- 151　一、育儿具有美的性质
- 153　二、情之所至，美在传达
- 154　三、自由有序，美在生成
- 156　四、日积月累，美的领悟

第十五章　运用家中器物育美的途径
- 159　一、家务劳动
- 160　二、家居布置
- 162　三、整理拼拆
- 164　四、手工制作
- 165　五、鉴赏传统器物中的艺术
- 166　六、品味现代艺术中的器物

第十六章　运用家外器物育美的途径
- 170　一、看展：震撼之余的探索
- 171　二、探馆：真与美协同成长
- 173　三、探寻：传统与潮流的文化趣味
- 176　四、玩乐：休闲时光中的诗情画意
- 178　五、选择：以秩序统合复杂性

第十七章　器物运用如何循序渐进
- 181　一、发展之序
- 185　二、遵从孩子的眼光，保护本真的原创性
- 187　三、依循成长的秩序，自由展开探究兴趣
- 189　四、细读孩子的作品，倾听他们的心声
- 191　五、并非线性秩序：在开拓与重返中回旋式发展

194　**后记**

第一篇
为何以器物育美

美术生学画画，画好静物是必修课。

有意思的是，审美和创作美，就是从这些普普通通的生活物品开始的。

图 1-0-1　帘幔、壶与水果静物（Curtain, Jug and Fruit Bowl），布面油画，法国艺术家保罗·塞尚创作于 1893—1894 年，惠特尼美国艺术博物馆收藏。图为复制品，属于 *The Yorck Project* 的复制品集。

更有意思的是，再普通不过的窗帘、罐子、水果、盘子、桌布，有一天突然价值连城，那就是保罗·塞尚画作中的静物幸运儿。1999年，《帘幔、壶与水果静物》在纽约拍卖，成交价6050万美元。而在当前，塞尚的静物画价格又翻了一番。

太有意思了！当我们看到这幅作品时，猛一看，能感受到和谐安静，可是再细看——

原本站得正正的陶罐，为啥到了顶部就朝着我们张开了口？桌面是怎么回事？白布两侧的桌面边沿，左边比右边高出了一截。啊，这块白色的布，有些地方的褶皱强硬得像是折纸，还是一块布吗？桌面散放的某些水果，也像是即将滚落下来。

如果你对这幅画的整体和谐与细节杂乱产生了疑惑，那么实在值得庆祝：你已经具备了相当的审美水平！同时也发现了，瓶瓶罐罐等生活器皿，原来与苹果一起在给艺术大师当模特儿呢。

意大利画家乔治·莫兰迪，就专门画瓶瓶罐罐。如今我们熟知的"莫兰迪色"就是以他的名字命名的。而在当代，艺术与科学的合作还将瓶瓶罐罐玩出了新花样，比如下图中的作品。

图 1-0-2　由计算机创建的静物画，作者 Gilles Tran，法国工程师，2006 年。

第一章
器物独特的审美价值

一、从静物说起

　　静物是塞尚最青睐的创作对象，在他眼里，水果与各种生活用品都是安静自然的生命，正如静物的英文 still life 所表达的那样。艺术家就这样用一种审美的眼光，来看待生活中似乎很不起眼的物品。这些物品，谁能说它们不具有审美价值呢？

　　先说水果吧。人们爱水果，很大程度上是基于甜、香、多汁、清脆等美食感觉。现代艺术家却并不将水果画得逼真，因为人类已拥有了照相技术，他们要表达的美，不是美食的美，而是一种——简单说，"审美"这个词之中的"美"。

　　美食的"美"与审美的"美"，有什么不同呢？

　　不可否认，水果作为美食时，也能带来一种经由味觉的审美。有时细细品味水果的滋味，甚至能让人的心灵得到慰藉，但这就不只是味觉了。

　　如果单说味觉，人们的口味是很不一致的。尽管我们看别人晒美食、看吃播也流口水，但是，当他们说这个如何好吃的时候，你看了半天，其实联想到的却是自己吃过的美食，并不是现在所看到的。这说明，味觉是个人的，个人对于美味的体会，无法真正传达给别人。

　　画面上的水果却可以将感觉传达出去，这绝不仅仅是由苹果本身的香甜感所致。塞尚的画之所以如此昂贵，是因为画家对静物独到的眼光、深刻的思考，带来了视角和画面设计的创新。他所挑战的艺术传统，不仅有透视法，还有将静物画置于艺术低端的观念。进而，塞尚的创新启发了后来的立体主义、装饰艺术，他也由此被誉为"现代艺术之父"。

现代艺术创造了多少美的作品啊！而人们所欣赏到的，在艺术品本身之外，还有各地美景、民风民俗、历史文化、人物故事……之所以如此，是因为美具有"可传达性"①。这是康德发现的秘密：**人们审美所产生的情感，可以传达出去，让别人也领会到**。其中的"传达"，正是通过摄影、绘画等艺术或工艺来实现的。

工艺，一旦凝结在了物品上，物品就像画中的静物那样具有了双重价值：实用的与审美的。在我们的生活中，这样具备了艺术气质的物品很多，我们日常用的杯子、碗、床、椅子这些与生活相关的物品，以及文具、扇子等文化生活用品，它们有一个共同的名字：器物。

二、大用与无用中的审美价值

器物是什么呢？

"器"这个字被《说文解字》解释得挺有意思的：四个口，中间有一"犬"。东西很多，需要有看家犬来守着。不过这个说法一直备受质疑。北大张辛教授认为中间是"物"字，而器与物二字组成词，源自古代以青铜器为礼器，铭铸灵物于其上，从而"器"与"物"相得益彰。②可见从词源看，器物的重要性就非同寻常。

器最基本的特征是有形，这是《周易·系辞》给出的提示。篇中不

---

① 康德. 判断力批判 [M]. 邓晓芒, 译. 北京：人民出版社, 2002：133.

② 张辛：青铜器礼义论 [EB/OL].(2022-12-28)[2023-11-1] https://news.pku.edu.cn/mtbdnew/5765f1400c3f47968aa4d1a1f439b17c.htm. 原载于《考古学研究（六）》, 科学出版社, 2007 年。

图 1-1 现代家居展示,美国新地艺术博物馆。

A. 米勒的住宅(Miller House)起居室布置场景,20 世纪 50 年代,美国印第安纳州哥伦布市。设计师亚历山大·吉拉德(Alexander Girard)。本图主要展示了下沉式交谈区和有着丰富藏品的储物墙,其中方形下沉式交谈区的布置,灵感的源头之一是古中国传统聚会空间。

B. 最前方的落地灯和椅子,20 世纪中期。

"草蜢(Grasshopper)"落地灯,由瑞典女设计师格蕾塔·格罗斯曼(Greta M. Grossman)设计,现在一直为各商家制作简约落地灯、台灯时所效仿。

可调节椅,由美国设计师赫伯特·冯·萨登(Herbert von Thaden)根据航空业经验开发,椅子有着飞的姿态。

仅强调器的价值，说制器是"圣人之道"的四者之一；还解析说，"器"与"道"分列于"形"的上、下两畔："形而上者谓之道，形而下者谓之器。"道是无形的，为人类的心灵所涉，故此亚里士多德的哲学名著被翻译为《形而上学》。而器，则是有形的具体事物——能为人们所看见、听到或触及，因此为形而下。

器在现代意义中是普遍的有形存在，涉及的对象可真不少，器皿、器官、器重、器械、器材，各"器"意思不同。"器物"也早已走下神坛，融入人们的生活之中，表示人工制作的物品，与自然物相对。各种器皿、器具，用于生产生活各方面，属于物质层面的文化，英文为artifacts。无论是中文"器物"还是英文artifacts，现在我们在使用该词时常常强调其历史文化意义，但本书中的器物并不特指古器物。因其所拥有的技术含量，器物形象的创造在现代被称为"设计"，器物成了工业艺术品。如果在美学的范畴中讨论器物，可以用工艺美术来代指。中国工艺美术列表中的石器、陶器、青铜器、陶瓷、漆器、金银器、家具、建筑以及其中各组成部分等等，都是器物，为本书之所指。[①]

人的生活自然离不开器物。我们将没有出息俗称为"不成器"，而"器宇不凡""大器晚成"则是对人的正面评价。可见，人人都知道器物的实用价值。成器了，就有用了，成才了。

但器物的重要性，并不仅仅因其在人类生产生活中无处不在，还更因为，器物所蕴含的劳动技术与人类的发展有着密切的联系。无论何种

---

① 本书对器物的界定借鉴了宗白华、张光直二位先生的观点：《美学散步》有"工艺美术就是器"之说；《美术、神话与祭祀》（张光直著，郭净译，北京：生活·读书·新知三联书店，2013）所提到的器物（artifacts）包括建筑，只是比一般而言器物涵义更广："包括了巨大的建筑、文字以及伟大的美术作风。"

器物，必然是人的劳动技术的凝结。原始石器是原始人将石头手工制作为器，现代建筑更是人们设计、加工、建造的结果，制造本身都是运用技术的过程。正由于此，中国古代将器物的制造作为国家大事，《考工记》说"国有六职，百工与居一焉"，即手工业为国家六职之一，并将器物的构思和制作过程称为"圣人之作"。

可见，器物不仅有用，而且有大用；不仅一看便知有外在的实用性，而且具有内在的价值。但还有一种价值，看起来没有用，却与深层次的大用有关，即审美价值。

为什么谈论美与审美的时候，要将目光投向器物，而不是音乐、绘画等普遍意义上的艺术品呢？

这与"美"在中国文化中的渊源有关。

美字由两部分构成，上为"羊"，下为"大"，在甲骨文和金文中则下部为"人"，于是有"羊大为美"（出自《说文解字》）和"羊人为美"（当代学界字源考证）的争论："羊大"指羊肥味美，说明美源自饮食文化；而"羊人"意为人戴着羊形饰品舞蹈，说明美源自图腾巫术的社会文化活动。一些学者则认为"羊"并非羊，而是羽毛、犄角类的装饰物，甲骨文演变为后来的"羊"。

无论哪一种说法更接近事实，饮食的个人体验和舞蹈的社会活动都离不开物品——器。

器源于饮食器皿，中国礼乐文化始自饮食，围绕着饮食而发展，即《礼记》所说的"凡礼之初，始诸饮食"。喝水吃饭得有器皿盛装，饮食推动饮食器皿的产生与发展，便有了盆、俎、鼎、尊等食器、炊具、水器、酒器。

饮食与社会文化的密切关系，从源头上将美注入了器物的生命历程。器皿盛装牺牲、酒类献给先祖和神灵，为祭祀等"礼"的活动所不

图1-2 祭坛套装，晚商—西周时期，纽约大都会艺术博物馆收藏。含祭坛一张、酒器十三件。

可或缺。位高权重者能集中大量人力物力，将礼器打造得精美华贵，礼器的形象又成为其地位的象征，自然使早期器物具备了很强的艺术性。礼器不再为生活饮食而造，而以饮食器皿之"形"发挥"礼"的作用。器又从器皿拓展开来，比如礼乐中的乐，就需要乐器。

因此，说"美"，谈中国的美学，怎么离得开器物呢？至于西方对美的看法，我们将在第二章再讨论。

器物在古代就远远超出了日用，而展现出了审美价值。从最初的陶器，到后来的青铜器、瓷器、金银器等等，各类器物中的精品流传下来，其美感为今天的人们所称道。

三、器物对传达美的意义

绘画作为经典艺术作品,常常不易于保存和传承。一幅画的原作只有一件,不可能毫无变化地保存下来,更无法让所有人都来欣赏,所以人们一般只能欣赏复制品,包括印刷品和照片等。不过,颜色发生了改变,尺寸更是相去甚远,欣赏时还有距离远近、观看方法等问题。这些恐怕是我们在纸张、屏幕上欣赏名作时,常无法领略其美之精髓的一种原因。如开篇插图《帘幔、壶与水果静物》(P1),就无法表现出塞尚非常新颖的笔触。

西方布面油画《格尔尼卡》以扭曲混乱的形象控诉了战争的残酷,如果不是站在近八米宽的巨幅画面前,战争蹂躏下人民的悲惨和绝望,就不会有那么触目惊心。中国画《千里江山图》更是长达十余米的长卷,当原作展出时,其色彩之绮丽令观众惊叹,说明图册、电脑显示器画面均难以原汁原味地传达作品之美。国画的卷轴形式还伴随着古人独特的审美经验,随着边展边收的观画动作,时空均在流动,缓缓拨动心弦,这样的体验在欣赏其他形式的复制品时是无法实现的。也就是说,一幅好作品在转换展现形式后不一定能被公众所理解。若只能引起极少数人的兴趣,其审美价值就没有得到充分发挥。

文学作品克服了这些缺点,读一部好的小说、一首好诗,其中的美并不因原作的独有性而发生改变。

然而,世界各地语言是多样的。我们第一次接触中译的外语诗时,不免会想,他们怎么这么不会写诗啊?比李杜差太远了!于是诗人雪莱、语言学家雅各布森等人都持有"诗不可翻译"的观念。

即便不跨地域,文学艺术在本地的传承也颇有难度,因为语言文字在变化。

我们看古书时也许会纳闷：难道古人说话如此精练而深奥？其实，那时的书面语并非日常口语，直到近代白话文运动，文字与语言才逐渐统一。

光说书面语，汉字字形数千年以来一直在变化：想想甲骨文与隶书、楷书是多么不同吧。即使是规范化了的隶楷，我们看着也比较痛苦：繁体字！此外，汉字字义也变化，过去变，现在还变，比如年年更新的网络用语。要说我们不易读懂古文，请问，若苏轼转世，能看懂现在的作品吗？

电脑问世之后，帮助我们正确拼写、便捷储存与修改，也让我们越来越不会用笔写字。书写曾经能反映人的文化水平，而今所表达的却已不再是语言文化，而成为一种艺术。

中国书画有着很高的艺术造诣，常常书与画相得益彰。但当国外观者看这样的作品时，一般就只能欣赏到其"形"之美，汉字在他们眼中也是图案。大量中国陶瓷、青铜器、墙纸、丝绸等器物的艺术元素，已

图 1-3　竹禽图，宋徽宗绘画作品，绢本设色，纽约大都会艺术博物馆收藏。本图显示了《竹禽图》的部分内容，左侧文字为赵孟頫的跋（部分）。

被现代西方设计接纳运用，从而将其美映射到了各种生活用品之中，而书画作品却一般只为大博物馆所收藏。

可见，视觉艺术与文字艺术在当代的传播传承上都面临同样的困境，前者局限于广泛程度，后者受制于语言。觉察到困境时，人们会知难而退吗？事实恰恰相反，人类对文明的追求，本身就是在不断克服困难的道路上逆风而行的。要让更多的人感受到美，得到美的熏陶，就需要将美感传达给更多的人，这呼唤着既能承载美又易于传承和传播的中介。对美的追求，促使人们不断寻找更为便捷的方式传达美，器物就是一位胜任此职的候选者。

具备美感的器物是这样一种审美对象：尽管语言不通、文化有差异，但人们凭借其形、质的美感，使用中所发现的巧妙设计，就能领略其美。而且以普通人能够承受的价格买回家中，既可使用，又能慢慢欣赏，在日用中时不时进入人的视野，这样的特点使艺术史学家贡布里希将商品的装饰称为艺术变革的先锋。[①] 器物对美的传达，不经意间便跨过了国界，穿越了历史长河。

曾经的丝绸之路，在物资的交换中促进着东西方文化交流，同时在器物的发展上留下了广泛的印记。而日本文化在西方广为流传，对西方艺术变革影响深远，与历史上东方器物随商贸输入欧洲有关。随着现代交通运输的发达和商业在全球范围的频繁交流，"美"的传达更是迅速而广泛起来。我们喜欢使用进口的电子产品、打火机、箱包，西方人则对中国的绣品、灯笼、扇子等情有独钟。**尽管不应夸大器物的审美价值，它不像纯粹艺术品那样将表现作者的思想感情作为主要目的，但它在人们的日常生活中，传承了人类在历史中所创造的美，又为美的传**

[①] E.H.贡布里希. 秩序感——装饰艺术的心理学研究[M]. 范景中，杨思梁，徐一维，译. 南宁：广西美术出版社，2014：65.

图 1-4 镇纸。收藏与摄影：DonSiano。
这些西方镇纸是不是很有趣？西方人看到素雅的长方形中国镇纸时可能也有同感。

播提供了简单易行的方式。其普遍性、便捷性、民主性所塑造的独有价值，是我们谈论审美、美育所不可忽略的。

第二章
器物美与审美之谜

美之所以如此迷人，其中的"谜"可是有功之臣。不过，这些谜与孩子的审美素质有关系吗？

如果美育的过程，是找出美的作品为孩子讲解其何以为美，那我们就尚未弄清楚"美"是怎么回事；如果美育的方式，是教会孩子"审美"的眼光，那我们就还不了解审美是怎么回事。

美育并不能以教的方式，规定这样就美，这个很美，怎样做才美；也不能是父母分析为什么美，然后要求孩子也认为其美。为什么呢？答案就在本章这几个谜的谜底之中——

器物美之谜：它怎样令人痴迷？与日常生活中的愉悦感有何联系？

器物审美之谜：它为何美？我们怎样审美？

一、器物美怎样令人痴迷

先来看看这个真实的故事。

欧洲曾有一位号称"强力王"的国王——奥古斯都二世。这位兼任波兰国王的萨克森选帝侯，外表魁伟健壮，内里野心勃勃，向往建立雄图霸业。但后来的事实证明，他并没有号称的那么威武，而是转身走上了一条文路，那就是为人们所津津乐道的故事：以国家最精锐的数百名近卫军换取中国瓷器。根据德累斯顿瓷器收藏馆的记载，这个故事传得有些夸张，因为那些军人是正在缩编的骑兵。但是，600名骑兵与151件瓷器的交换是史实——这么一看，一个盘子竟与几名骑兵等价！"龙

图 2-1　迈森瓷器，纽约大都会艺术博物馆收藏，由奥古斯都二世于 1725 年赠送给撒丁岛国王。仿清朝将军罐形制，描绘中国人物。奥古斯都二世于 1715 年创立德累斯顿瓷器收藏馆，至今展出大量从中国进口的瓷器，包括被称为龙骑兵花瓶的将军罐。

骑兵花瓶（Dragonervase，德语）"的得名在很大程度上就来源于此，这些花瓶受到奥古斯都二世的格外珍视。

这事让奥古斯都二世看上去是个败家子，但恰恰因为这事，他一不小心成了历史所铭记的文化名人。当然绝对不是不小心，而是非常认真与小心：他欣赏瓷器时的喜悦之情唤起了研究、探索的兴趣，想要拥有更多精美瓷器的决心促使他招来工匠们潜心研发，终于找出了高岭土这种成瓷的原料，揭开了中国瓷器的制造秘密，为西方世界饮食器皿的发展做出了里程碑式的贡献。

几乎在同期，中国也有一位痴迷于器物的君主：在当今网络上被称为"点赞狂魔"的乾隆。乾隆的爱好可比奥古斯都二世广泛多了，陶瓷、玉器、竹木器、金银器、根雕等各类器物，他都既爱收藏又爱仿造，还爱题诗。从流传至今的乾隆御题来看，乾隆从青年到老年一直对收藏古器物乐此不疲，器物来源时间从新石器时代跨度到当朝，如图中玉璧就来自新石器时代。

　　赋诗吟诵，必是见之生情，喜爱之至，诗兴有感而发。而且从所题之诗来看，他对喜欢的古器远不止于收藏，而是反复欣赏、把玩、琢磨。比方说，对于图中的玉璧，他在60多岁时赋诗"**颜如渥丹君子哉，望古遥缅风人意**"；70多岁时再咏"**彬然一再咏，心神沃古穆**"。字里行间，飘出了一副陶醉于远古之思的政界文人形象。当然，把一块本已脆弱的珍稀古玉刻上满满文字，又好大喜功地琢上"八徵耄念之宝""太

图 2-2　齐家文化玉璧（附清代乾隆时期木插屏架），新石器时代，台北故宫博物院收藏。

　　这块古玉上刻有乾隆两首咏玉诗，右图方形檀木屏架专门为玉璧配制，其上亦刻有诗。

上皇帝之宝"之类的玺文，免不得令人唤他为狂魔。话说回来，这几枚印玺分别为乾隆 80 岁、85 岁时所作，爱器之情日月可表！

器物以其美吸引过无数人的目光，古器物之美还掀起过历史上的收藏浪潮，这期间有欧阳修收藏古器、碑刻的故事，有高凤翰爱砚成癖、右手抱砚而眠致残的传说，有罗振玉构架器物新分类而引起的学术争鸣……其实吸引人的还不一定是先祖遗留的古器物，当代器物的制造和创新同样为后人留下了很多美丽的思考，如唐代女诗人薛涛，就在她那个时代设计创造了有着深红颜色、精美花纹的薛涛笺。

有趣的是，名人迷恋美器，有时还能生出令人啼笑皆非的故事，这往往关联到其背后的神秘人物。《琅嬛琐屑：中国古代文房趣尚》（人民文学出版社，2019 年）讲了一个"赵飞燕印章"的收藏故事。这枚"婕伃妾赵"印进入了近千年的收藏史，一众名人争相收藏，既为其外形质地之美所吸引，更为其内在故事之风流所倾倒。直到故宫博物院鉴定，才发现这是一个错认"娟"为"赵"的大乌龙。

在今天，这些爱美的人就会被称为发烧友了。"发烧友"一词源于音响器材爱好者们的痴迷，爱不释手、狂热，都是情感在发挥作用。乾隆题诗，非为考虑到将来有益于考古学、文字文献的研究。奥古斯都二世以军队换瓷瓶，也并未预料到日后他真能命人解出瓷器制造之谜。至于"赵飞燕印"中的文人，那份误读其实为他们的有生之年带来了莫大享受。人们喜爱器物之美，是产生情感的过程，不是探索科学原理的发现过程，不是理解知识的认识过程，也不是完善修为的道德过程。

所以，想要像教知识、技能那样去教会孩子审美，是不是勉为其难呢？当然，这些故事似乎有些极端了，让我们回归平常老百姓，来体会器物审美的情感吧。

二、器物美与愉悦感有何联系

生活离不开器物,我们在使用食器、水器、炊具、文化用品等物品时,可曾想到过美,想到过我们是否在进行审美?

有人会说,吃饭的碗盘,喝水喝茶的杯盏,好用就行,我可没有考虑过它美不美。可是,在其他条件完全相同、不需要你付出任何代价的前提下,一组器皿在你眼中精致美观,另一组则粗制滥造,你会怎么选呢?而你的选择,以及待会儿一边饮食一边无意中看几眼碗、杯的过程,实际上就是审美。

看看各类社交媒体中人们对饮食器皿的展示就知道了,使用美的器皿,人们在生活中大多有此愿望,只是关注程度高低、关注条件的具备情况有所不同而已。当然,各人眼中的美也并不一定相同。但一致的是,用自己认为美的碗吃饭,用自己认为美的杯子喝水,会产生愉悦感。

碗、杯的外形让饭、水的味道变好了吗?如果没有,那我们为什么会觉得美滋滋呢?无非是饮食器皿带给人的感觉,以及其后一系列的心理活动,让我们感受到了生活中的美好。

当我们情绪低落时,让自己开心起来的一种普遍途径是:走进大自然。古有文云:"鸢飞戾天者,望峰息心;经纶世务者,窥谷忘返。"现代人更是在忙碌的工作之余爱旅游。大自然以其美而令人产生愉快的情感,就是人们审美的过程,器物审美也是如此。

于是,我们想方设法在房间里摆上花盆种绿植,用花器插上鲜花;养几条小鱼,伴几束水草,看它们在其间游来游去;买回落日灯,制造出落日余晖的美感;挂上透出星星光影的窗帘,让夜晚的室内洒满星光……海洋、花草风格的家居用品十分受人欢迎,因为它们让人居于家

图 2-3　旅店门口旁的箱子雕塑。箱子的堆叠营造出旅行的气氛,整体的倾斜颇具动感,似乎游客迫不及待地要踏上愉快的旅程——这种氛围在瞬间凝结为静态的雕塑。动与静,行走与驻足,交织为旅游的愉悦感。

中，目光所及，就能拥有或置身于阳光沙滩或漫步于山野草地的舒适感。古人没有条件拥有山林、水景，于是塑造微缩景观摆在室内玩味，出发点与此一致。

也许你会说，才不呢，我每天用自己最爱的，也是自己认为最美的杯子喝水，可有时候陷入情绪低落的泥潭，这个杯子的美并没有把我拉出来。其实，这样的时候，你并没有在审美，杯子的美感由既往的欣赏所形成，而在当下，你的情感尚被困在沮丧失落之中。

但是，如果这个杯子对你而言美到了极致，你对它的审美并非看一看、高兴几分钟而已，你一有空就会认真地玩味，看个没完，想个没了，那么这个杯子的美，就有将你拉出低落情绪的力量了。前文为器物而痴迷的故事便是这么来的。这大概能解释，为何很多艺术品、器物的收藏者们不仅将收藏作为创造经济效益的途径，更是为了乐趣，甚至收

图2-4　左：德国唯宝（Villeroy & Boch）的新浪（New Wave）杯。流畅的曲线散发出优雅的气质，打破传统的不对称形式，展现出颇具个性的魅力。
右：荷兰代尔夫特陶茶壶，上有深受中国青花瓷影响的色彩与荷兰标志性的风车图案。

藏得"上瘾"了。也大概能解释，为什么有些器物与同类产品比较价格偏高，却很畅销。虽然不能排除炫耀、商业等目的，但能达到畅销，说明普通人有需求。这种需求常常来源于简单的想法"我看着高兴"。开心，是多么宝贵。

不过，审美所产生的情感也不一定就是愉快，这一点将在第四章另述。

三、是它自身美，还是我们感觉它美

这件衣服美，那件家具美；这个食器美，那个花器美；这些都美，可是，究竟美是什么呢？

我们看了美的物品，就产生了美的感觉，这似乎不证自明。可是，美的感觉，是物品自身具有美的品质，还是人主观地产生了美的感觉呢？

早在古希腊，爱智慧的哲学家们就想揭开这个谜。苏格拉底有一个"产婆术"的追问法，柏拉图就用来首度正式追问起了"美"，那就是他的《大希庇阿斯篇》[①]——

苏格拉底问希庇阿斯："什么是美？"希庇阿斯答："漂亮的小姐。"他答的也没错，但就是被苏格拉底的追问弄糊涂了——漂亮的小姐、母马、竖琴、汤罐，是美啊！可这里面，物品、动物，它们和人比起来又不美了；要说人美吧，与神比起来也不美了。那她和它们，又美又不美的，到底美不美啊？如此这般问与答、辩与论，最终也没能回答美究竟是什么，苏格拉底长叹："美是难的！"

美就是这么既抽象又具体，既遥不可及又近在眼前，实在是个"悖

---

① 柏拉图．柏拉图文艺对话集[M]．朱光潜，译．北京：人民文学出版社，1963：178-210．

论"。但正是这样的追问，像科学探索那样埋下了好奇的种子，提出了以后人们不断争论的问题。近代以来，在经验派、理性派等哲学流派的探索中，人类对美的思考被不断推向深入。然而客观主观的问题还是一直在似是而非中沉浮，直到一位智慧的大师康德……

也直到康德积累了大半生智慧，晚年写出《判断力批判》。在康德眼中，美，并非有一个客观的美为我们所认识；我们认为美，是在进行审美，这是感性的、非逻辑的。

我们依据什么进行审美呢？审美是进行鉴赏判断，鉴赏是评判美的能力，即审美判断力。它由各种认识能力构成，人们就运用这种能力来审美，但这个过程并非我们运用知识去认识，而是直接运用情感，通过愉快来进行判断。

其实早在柏拉图之前，毕达哥拉斯就提出美是数与数的和谐，这显然不是谬论，但这种运用知识进行认识的活动，是不是太理智了一点？当我们看到一件很美的物品时，就是心里觉得美，并不是说：等一等……拿尺子测量其长宽比例是否协调，回顾头脑中关于色彩的知识，观察配色是否和谐。然后发现，比例不对呀，配色不合乎规则呀，本来觉得很美的物品，咬着牙也要说：啊，不美。这样看来，直到今天，理解美仍然不易，而美育恐怕更是如此。

我们认识客观现象的时候，是需要借助于概念的。上面说的比例、颜色都是概念，因人类建立了概念，才能正常开展对话。我说物品是白色的，用的就是白色这个概念，人人都明白我在说什么。这就是普遍性。

美这个字是概念，但美本质上又是无概念的：我觉得这个杯子美，心中的美竟似乎是一种感觉，而不是概念。有意思的是，当我发出"好美啊"的感叹时，明明是自己觉得开心，如此主观，别人居然也能感受

图 2-5　被认为美的杯子。

得到：看到这里，读者会明白我想表达什么，即便没有上图，即便看了图之后并不同意我的看法。

这样一种主观上的普遍性，康德称之为"**共通感**"。① 如此一来，这么奇妙的审美活动，既主观又客观的悖论，被康德作出了合理的解释——杯子被个人主观所感觉到的美，又似乎是客观的，我认为别人看了这个杯子也会觉得美，心想，分明是这个杯子自己长得美嘛。

四、我们是怎样审美的

人类已找到了答案：**美是一种主观情感**。当我们觉得一样物品"美"

---

① 康德. 判断力批判[M]. 邓晓芒, 译. 北京：人民出版社，2002：135.

的时候，是产生了一种"美"的情感，称之为"美感"。而产生这种情感的过程即为前文数次提到的"审美"。

接下来的问题就是：为什么会产生这种情感呢？这是什么样的情感呢？这意味着，人们所聚焦的问题，从美本身转向了自己的心理。

不少人有过这样的经历：偶然看到一件物品，由衷地觉得美。那可能是一盏台灯，一把椅子；也可能是一个盒子，一支笔；等等。为什么美呢？说不出来，心里突然产生了感觉，是一种"直觉"。"直觉"的说法来自表现主义美学，于20世纪为意大利哲学、美学家克罗齐所创立。在克罗齐那儿，美感是心灵活动通过非理性的"直觉"来创造的。无论艺术家创造美的形象，还是普通人欣赏美的形象，都是运用直觉来进行创造。[①] 运用这个观点：我觉得一盏灯好看，那是我以直觉创造了美灯的形象。

看到质朴的器皿、日用品，人们觉得美，可能是想起了家乡、亲人，以及有关的往事，他们是那么的善良、朴实、亲切。这些主观的情感，原本是器物所不具备的（器物是加工的产品，无所谓善不善良），但我们将自己的情感投射到了对象上，就觉得它们具备了这种思想感情。这就是以德国美学家立普斯为代表的"**移情说**"所主张的：**审美产生于向物所作的感情移入。**

竹是中国古代笔筒的常见材质，选择竹子做笔筒，固然考虑了中空的实用性，但在审美上则更多蕴含了传统文化中对竹子的欣赏：书房案头竹质的笔筒让人联想到竹子的挺拔俊美，这是文人所喜爱的清新脱俗形象，而其长青顽强的生命力，又有激励自己奋斗不息的意思。就这样，人将自己深入到竹笔筒的形象之中，以此品味着自己的情感，获得

---

① 朱光潜. 西方美学史 [M]. 北京：人民文学出版社，2002：619, 623.

审美享受。

不过呢，以"格式塔心理学"研究美学的鲁道夫·阿恩海姆不是这样认为的。就竹笔筒的例子而言，若不了解中国文化，自然无法展开关于"一节复一节，千枝攒万叶""咬定青山不放松，立根原在破岩中"之类的联想，但是，外国人看竹笔筒，也会感受到挺拔向上。为什么呢？因为笔筒的整体结构表现出一种力，这种结构与推动我们情感活动的力是同构的，于是人与物产生了情感共鸣。这有一个名字叫**"类质同构"**（isomorphism），比如一件作品想要表达富有生命力，那么它的结构就需要生机勃勃的样子，从而让观者感知到。还记得本书开头提到的塞尚作品吗？尽管物品看上去不遵守透视原理，但给人的感觉竟是安静、协调，那就是大师用神来之笔创造出的整体设计。

图 2-6　竹刻高士图笔筒，清中期，纽约大都会艺术博物馆收藏。

还有其他一些美学观点提供了不同的解释。诸如心理距离说对距离美的分析，抽象说对古器物几何图案的剖析，等等。

以质疑和争论的方式，美与审美在历史进程中不断得到推陈出新的阐释，使我们对于美、审美有着不断深入的认识和理解，也使人类创造美、欣赏美的能力不断得到提升。正是在这样的趋势中，器物之美持续地流动着，展现着动态的生命力。

　　你看，器物的美，是欣赏者心中所"感悟"到的美，如此主观于心的内在情感，就像本章开头所说的那样，对于孩子，并不能直接去教，而是需要他们自己去领会。而关于审美心理的探索，让今天的我们了解到，审美对孩子们的素质影响很大、很复杂，而且很深，并不停留于看的表面，而是引起了广泛的心理活动。

第三章
器物美感对孩子成长的意义：个体性与社会性

这是一双特立独行的鞋：它们长成耐克 Air Force 1 的样子，却巨大到真人无法穿着，还取材于回收的汽车部件，上面挂着密苏里和伊利

图 3-1 雕塑 *Live Culture Force 1's*，长 2.7 米，宽 1.2 米，高 1.5 米，作者 Aaron Fowler，美国圣路易斯艺术博物馆展品。

觉等。谁爱为自己感觉不好的物品花钱呢？买回去岂不闹心？偏好是一种明显具有个体差异性的心理倾向，其中最具有感性特征的美感，则无疑更具个性化特征。于是，人们购买的器物，便由于个人偏好中审美因素的差异，而呈现出了不一样的美。比如每日使用的茶水器皿，在颜色上，深褐色如紫砂拥有朴雅之美，白色如白瓷则是纯粹的无色之美；在材质上，玻璃的晶莹剔透是一种美，不锈钢的简约流畅是另一种美；在形态上，硬朗的形象传递出力量之美，柔和曲线则表达了温润之美。哪种风格你最喜爱呢？

器物还传达了创作者的个性之美。自然界的美比较容易获得人们的共识，艺术品和其他物品的美就不一样了：一朵美丽的鲜花众人都说美，但对于一件艺术品则是众说纷纭。这是因为，产品是由人来设计和制造的，融入了"人"这种极具个性化的因素。如果说美感本身具有个体性特征，那么器物的美感就更加个性化了。

明代金陵派竹雕创始人濮仲谦有着随心随性的个性，作品正如其人：依材料和形态施刻，自由不拘，成天然之趣。清朝泥人张的创始人张长林喜欢在街头观察集市生活，到戏院看角色和装扮，他个人的这些特点为彩塑的写实与生动所记录。在工业化大生产的现代社会，虽然大部分产品为机器所生产，但器物在设计中融入了人的情感，因而传达了个性之美。

二、走向心灵的个体化审美体验

个体化审美体验是怎样进入心灵，而不是停留于眼睛的？上一章提到的《琅嬛琐屑》给出了一个范例。作者吴荣荣是一位大学教师，这本有趣的书不仅孕育于她的古典文献功底，更是源自她独到的审美趣味。那些大多只能在博物馆、古董市场看得到，甚至仅在文字中留有身影的古代书斋清玩或生活用具,像铜雀瓦砚、纸帐、玉壶春瓶、酒船、心字香、银蒜,每一样都仿佛讲述着令人回味无穷的故事。在书中,字里行间充溢着作者与器物故事、古人生活之间丰富的情感交流。

审美体验进入她的内心,通过图书表达了出来,当我们阅读这些文字,关注这些器物,往往也从各自角度偏爱于其中一些器物、故事、人物、描述,对其念念不忘,再次体现了审美情感的内在性、个体性特征。

其实,人的审美情感并不一定通过"看"艺术品、工艺品而获得,艺术教育家维克多·罗恩菲德对视觉型、触觉型两种反应倾向的区分,向我们揭示了这一点。[①] 人们大多不同程度地倾向于其中之一:视觉型的人偏向于观察;触觉型的人则以身体的感应即触觉和运动感来了解外部世界,他们进行创作时,不是表达视觉感受,而是表现内心情感。这一分类加深了我们对审美情感个体性的认识,**当我们使用器物时,不仅可以看,而且可以把玩,极具个体化的审美体验就这样走向内心深处。**

三、器物的社会性之美

美感是人的情感,但主观情感深受社会文化影响。如前文所说,家居设计具有个体偏好差异,而这种差异被归为不同的装修风格,就体现了审美的社会性特性。

社会文化孕育了器物美感的社会性特征,也孕育了孩子们的成长环境。孩子与小朋友接触,到社会场所活动,就开始了社会互动。这种社会化的进程随年龄而日益增长,范围日益扩大,**器物的美感对于他们而言,越来越带有了社会发展的印记。**

我们看到美的事物,忍不住拍摄下来发到朋友圈与人分享,这表明,

---

① 维克多·罗恩菲德. 创造与心智成长[M]. 王德育,译. 杭州:浙江人民美术出版社,2019:258-262.

传达美感是一种社会性的行为。去单位上班、参加聚会、逛街，只要涉及社会活动，人们都在出门前照照镜子，甚或修饰打扮一番；家里有客人来访，也事先拾掇打扫。周末不出门，则一切以慵懒舒适为要，若有条件独自居家，干脆脸也不洗，窝在沙发里，书籍、杂志和零食堆满茶几。人只有生活在社会中，才有动力将自己的审美愉悦传达出去。本世纪 20 年代初，新冠疫情带来了全球化妆品滞销的后果，多半是传达美的需求大量下滑所致。可见美感本身就具有社会性的特征。

艺术家创作艺术品，就是将个人眼中、心中的美赋予形象，传达给大家。因此，美学不仅研究美与审美，还有一个重要议题：艺术。但在当代，艺术与工艺设计彼此交融，普遍渗透于日常生活之中。传达美不局限于艺术品，实用器物也让使用者体会到美感和艺术性。在阿姆斯

图 3-3 莫比婴幼儿浴缸喷嘴盖，是深受美国普通家庭欢迎的母婴用品。设计者为美国现代工业设计师斯科特·亨德森（Scott Henderson）。摄影：Shenderson1。

特丹的史基浦机场，荷兰设计师马丁·巴斯（Maarten Baas）于2016年创作的实时时钟，向无数游客传达时间、传达美。这个时钟看上去是由工人全天候实时绘制时间变化，其实是将事先录好的视频置于时钟内，而工作服的蓝色、水桶的红色、抹布的黄色，正是向荷兰著名艺术家蒙特里安致敬——跨时代的社会互动也见证了美感的社会性特征。马丁·巴斯既是一名艺术家，又是一名设计师，他的作品总是游刃有余地穿梭于艺术与设计之间。实时时钟不仅是艺术品，还有实用价值，只是这种时钟尚不能批量生产。

日常生活器物作为商业性的产品，数量众多，类型复杂，被普通人广泛使用，美感服务于实用，又让美向大众传播，这些器物帮助人们在日常的社会生活中传达美感。

四、走向心灵的动态与多样之美

器物美感的社会性体现出动态特征，宏观地，就是在历史进程中的发展变化。

只消看一看老人和年轻人审美倾向的差异便可知晓：人们对美的感受和要求，与所处时期社会文化背景是相关的。如果放大到不同历史时期，差异无疑更大。这必然会使创作和得到接纳的器物之美，随历史发展而呈现出不同特征。

象征型、古典型、浪漫型，这是黑格尔在《美学》中对不同时期艺术之美的命名。而针对中国古代器物美感的变化，蒋勋老师在《美的沉思》中比较了商、周器物纹饰，认为其差异传达出商朝巫文化与周文化迥然不同的气质。李泽厚先生在《美的历程》中描述古代陶器从原始几何到生动活泼，又由严峻威吓走向"狞厉"的发展特征。笔者对此存有疑问，比如，若礼器纹饰以狞厉来震慑民众，又何以在祭奠时向先祖表达自己的感情呢？不过，正是学者们孜孜不倦的探索和考证，以及引来的持续争鸣，才令我们看到器物美感所具有的历史性，无论中外。

器物美感的社会性体现出多样特征，尤其是在地域差异上。

久居城市者来到乡野，会有心情舒畅之感。乡间质朴的房屋，以及周边的一草一木都仿佛是久别的亲人，那么安静，又那么亲切。而成长于大山区的孩子，初进城时反而觉得，林立的高楼、交错的大马路、繁忙的车辆充满了现代化的美感。两类不同人群对美的感受是不一样的，长期生活的地域对美感的影响，反映出美感的社会性特征。将这种地域的范围扩大到不同国家和地区，地域差异所折射出的社会性特征便表现为本土性。

梅兰竹菊为中国传统器物提供了最经典的图案，四个季节的代表性植物象征着气质高雅的君子形象，为中国人的日常生活平添雅趣。而传统家居的装饰，也喜欢在墙上悬挂四君子的画幅。梅兰竹菊国外虽有，却唯有中国古代文人赋之以象征意义，才使得其形象的美感深入人心。

频频出现于中国器物之上的另一美好形象荷花，一方面因《爱莲说》赋予它"出淤泥而不染"的洁雅；另一方面，以荷花为熏香台、观音端坐于荷花的形象，又平添了几分禅意。实际上，佛教文化发源地印度就十分推崇荷花的圣洁形象。

荷花亦被称为莲花，但并非西方的睡莲。同为水生花卉的睡莲在西方广泛种植，颇受欢迎，也因莫奈的作品而广为人知。渊源于古埃及的睡莲早期也具有宗教意义，是雕塑和墓碑等器物常描绘的形象。荷花、睡莲的形象在现当代常分别见于东、西方器物，荷花临风而舞的优美身姿，睡莲在光影中的斑斓色彩，呈现出不同的审美意蕴。

由于荷花与睡莲的文化内涵孕育于东西方不同的社会文化，无论是鲜花栽培，还是器物图纹的运用，都不能将二者混淆。比如说，园林中

第三章 器物美感对孩子成长的意义：个体性与社会性

图 3-4 睡莲形水晶玻璃烛台与荷花图案茶叶罐。

只有种植荷花，才能营造出残荷听雨的意境；而图中的茶叶罐如果以睡莲为图纹，便会失去茶文化的清雅情趣。

器物的动态、多样之美提示着作为父母的我们：一方面，美感是发展的，年轻一代心中的美，也许很不一样，当看法相左时，别急着评判他们；另一方面，美感具有文化内涵，器物审美需要将器物置于社会文化环境之中。

五、美感的个体性与社会性携手支持孩子成长

苏轼，中小学生再熟悉不过，有趣的灵魂让他的作品极富个性化特征，在逆境中，别人茶饭不思，他却依然煎茶品茗，超然自若。

今人读苏轼诗词，能品到古茗之陈香、古器之雅朴，个人的精神愉悦跨越历史长河传达给了我们。且不要忘记，他所品味到的美感就扎根于他心中对生活的感悟，离不开他所处的社会文化背景。美感的个体性与社会性如此紧密地联系在一起。

苏轼以诗词创造了美的意境，社会文化的传播将其传达给后人，一场精妙的茶器文化史便如此开启。写于贫病交迫之时的《试院煎茶》提到随身携带"石铫"壶："砖炉石铫行相随。"为什么喜欢石铫壶呢？他在答谢周穜送壶的《次韵周穜惠石铫》中回答过："铜腥铁涩不宜泉，爱此苍然深且宽。"清朝时，文人及画家尤荫根据此诗以及对壶的考证，收藏了石铫壶。

尤荫的审美底蕴不仅为个人带来了极大的精神愉悦，更将美迅速传递开来。他的石铫图启发了紫砂艺人、艺术名人，如以"曼生十八式"享誉紫砂界的清代书画镌刻家陈鸿寿，有"壶艺泰斗"之称的当代紫砂大师顾景舟。宋代用于煮水点茶的石铫，后人以提梁壶型回味其形制的美观实用，又在继承与创新中发展出颇受欢迎的石瓢壶（参见图3-2

图 3-5　日本江户时代莳绘砚箱，盒盖外部绘苏东坡与随从图，纽约大都会艺术博物馆收藏。苏轼形象取材于《东坡笠屐图》所广泛流传的故事：当时苏轼被贬至海南，一日因路途遇雨而借来斗笠、木屐等农家衣服穿上。见他滑稽模样，不仅妇孺大笑，农家狗也吠。苏轼借柳宗元讲蜀犬吠日的话，说道："笑所怪也，吠所怪也。"此景此语，令人忍俊不禁又深为折服。苏轼的精神跨越了国界，喜爱他的日本人以各种画作和器物绘图来纪念他。

第一排中间图片，P29）。

图中这把曼生铭提梁紫砂壶，我们观其形流畅舒展，看其色古朴自然，赞其书法与陶艺相互衬托。一件陶器，将陶艺、文字、历史名人、故事、传说融汇于一体，多维度的文化韵味为了解紫砂器乃至中国传统文化提供了生动的美育资料。

紫砂器并非罕见之器，然而对于可能并不爱喝茶的孩子们来说，如果没有人物所赋予的美感个体性特征，没有历史文化所赋予的美感社会性内涵，他们将如何能真正感悟到紫砂器的美妙呢？

我们不可忽视美感社会性对个体的影响。社会性美感外在于个人，却可以由外而内转化为个人情感，这是如何实现的呢？连接内与外的这座桥梁是"习惯"。用苹果前置摄像头自拍脸部，人们会被照片"丑哭"，因为习惯了后置镜头拍的照片，习惯了镜子里的自己。但如果我们反复观看、对照，直到视觉习惯得到更新，就会惊讶：不丑啊。

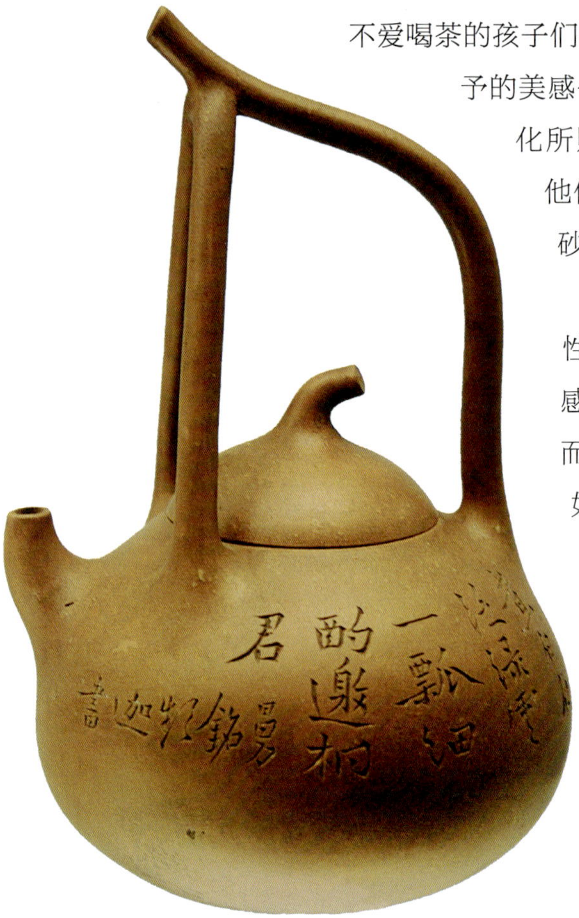

图 3-6 曼生铭提梁紫砂壶，陈鸿寿设计，杨彭年制作，上海博物馆收藏。摄影：Gary Todd。

当人们在面对不断出现的社会新潮时，个人的感觉也是如此：从排斥到接受，更进一步产生所谓时尚的美感。习惯对于美感的力量就有如此之大，大到可以让社会性的美感攻入个人内心。当两代人对美的感受明显出现代沟现象时，父母不妨想想这一点。

美感中的个体性与社会性并非遥遥相望的两端，二者其实一直是携手的。而且，还正是因为深层挖掘美感的个体性，才让我们看到了美感的社会性，这得感谢精神分析说的美学贡献。精神分析说主张美感个体性的极致：美感不仅来自内心，而且来自内心深处，深到别人无法觉察甚至连自己也感觉不到的地方，即弗洛伊德所说的"无意识"或曰"潜意识"（unconscious）。荣格又将无意识发展为超越了个人的"集体无意识"（Collective Unconscious），让美感在人意识不到的地方具备了社会性。

孩子的成长也一样，个体性与社会性不仅不矛盾，而且是同一现象的两面，毫无顾此失彼的必要。而且，个体性特征越是明显，越是深受社会性的影响，你看，青少年的个体性要远远高于婴儿们。孩子的个体性特征正因社会化的过程而形成，美感的成长主要得益于与社会文化环境的互动。互动所形成的知识和经验，无时无刻不在支持着孩子们审美的眼睛和心灵，以至于唤醒那些沉睡着的无意识。

第四章
器物审美对孩子成长的意义：
人全面发展的一种途径

孩子最开心的事情莫过于自由自在地玩了：课间和同学一起玩，放学后和朋友一起玩；学校组织到公园游乐场玩，周末随父母外出游玩。各种各样的游戏玩法，让人盼下课、盼放学、盼周末。只有玩游戏，才无需一本正经地听讲、做题、背诵、考试、跑步。有的老师也安排课堂游戏，已经是很有魅力的课了，但只是少量调剂，且必定要跟随老师的

图 4-1　小朋友大多喜欢水和沙。

思维走。参加学校活动最怕老师布置写作文，节假日在家和外出游玩，也比较怕父母的指导。虽然老师和父母都是好意，但是，一想着这些充满善意的约束，小朋友就没有那么开心了，总感觉没有和同学、朋友一起玩游戏，大人又不在边上时，那么自由畅快。

小时候的这种感受一直向后延伸，成年人同样爱玩游戏，其中的无拘无束、争斗、揭开谜底，都令人心情愉快。前几章我们说器物审美能带来愉悦感，审美与游戏都产生愉悦的情感，难道它们之间有某种内在的关联？审美所产生的美感只有愉悦感吗？审美的意义只是产生情感吗？本章在回应这些问题的基础上，说一说器物审美对人生具有哪些重要意义。

一、最大的收获：生活中的自由感

水和沙，为何全世界的小朋友都这么喜欢玩？它们的共同特征应该是：自由！这也是审美与游戏的共同特征。

审美与游戏的联系很早就被注意到了。审美的时候，是谁在做游戏呢？人的各种认识能力——这是康德打的比方。平时人的认识能力总是做着有目的、有概念的认识活动。看到一栋设计独特的房子，科学工作者会考虑房子是否稳固，于是头脑中出现重量、体积、面积等概念，经受风吹雨打等目的；社会工作者会考虑房子里住了什么人，思维中出现居住、年龄、群体等概念，公平等伦理上的目的。而艺术家呢，可能就一眼发现了房子美，别问他哪儿美，他无以描述。美触动了他的内心，激发他创作的灵感。他的感受、知觉、想象、联想，都自由地活动着，没有受制于认识规则，而处于一种自由游戏状态。[①] 所以呢，**美的欣赏**

---

① 康德. 判断力批判[M]. 邓晓芒, 译. 北京：人民出版社, 2002：52.

与创造，都好像人在做游戏，也就是做一种本身就让人愉快的事情[①]，既没想着通过创作赚钱成名，也不是为了向社会作道德提示。

因此，这就揭示出了审美与游戏的内在一致之处：自由。没有功利性的目的，甚至连目的都没有；没有概念约束，愉快情感不因为认识到长短、红绿等概念而产生。康德的这一说法后来被世界各地、古往今来的美学研究者继承、批判、修改、发展，成为艺术起源的"游戏说"。游戏说当然遭到不少批评，艺术无法完全独立于社会政治、经济之外。然而，向往自由这一人类共同的人生诉求，早已扎根于每个人的心底，卢梭将其明示了出来："人生而自由，却无往不在枷锁之中。"成年人总自觉地钻入各种枷锁，审美时不分析意义常常要责备自己没文化。其实，按照法国哲学家雅克·朗西埃在《美感论》中的说法，审美不需要用概念，是小学生都懂的简单道理。

人的生活总是受到外界影响，也需要接受约束，但审美为我们提供了追求自由的条件，是获得自由的一种公认途径。器物无处不在的特质则将这种条件嵌入了我们的生活——在欣赏器物时，你有听从内心声音的充分自由，别人无法将喜好强加于你，产生共鸣与否、拨动心弦与否完全取决于个人，如上一章"个体性"中所说的。长期被关闭的记忆、被压抑的情感、被封印的潜意识，在你的观察中、浮想联翩中、自得其乐中，毫无拘束地抒发着，甚至宣泄着。器物不说话，它既不要求你，也不打扰你，你高兴时不需要赞叹，你愤怒时它依然沉默。但器物又会说话，它饱含着设计者的情感，你可以将自己所有的情绪和情感与之交流。爱好手工制作的人发现这种交流能慰藉心灵，就很大程度上得益于其中的自由感。

[①] 康德. 判断力批判[M]. 邓晓芒，译. 北京：人民出版社，2002：147.

二、蕴含学习因素：自由发展与自觉练习同步

审美与游戏一样都让人收获到极为珍贵的自由感，没有成果的压力，没有概念的约束。其实，审美还与游戏一样，自由而有规则，这将为孩子带来无意中的学习和练习机会。

每一项游戏都是有规则的。一个小朋友玩泥巴就需要遵循泥的习性，加了太多水捏不出形，立不起来，太干了又会边捏边碎掉，泥给的规则也就是玩游戏需要学习的一种知识。现代社会中以橡皮泥、黏土等代替了地里的普通泥，但不同材质有不同特性，因此看似简单的儿童玩泥巴游戏，也是头脑中有想象、有思维，手中有技术的活动。多人互动的游戏更需要预先制定规则，新手每每进入，必然需要先学习其规则。有人不遵守规则，大家就玩不下去了。玩游戏还要有技巧和策略，这些都与学习相关知识、进行练习有关。

制作器物的活动在现代社会成为一种游戏，这是游戏随着社会发展而不断演变的结果，比如进入了手工制作这样的生产劳动领域。小朋友用橡皮泥、黏土玩游戏，常捏塑出来小型的器物模型；到陶艺馆制作杯子、盘子等各种器皿，则更加专业一些。

孩子在制作中愉快地游戏着，而观摩、练习、获得成品又是创造和审美的过程。古人制作器物其实也有着游戏似的快乐，英国艺术史家贡布里希的观点不无道理，他认为古人装饰器物的动力就是快乐：手工艺人将各种器物做成动植物形象，与小孩把竹竿当马骑的游戏无异。[①]

由于制作器物的活动与手工劳动、游戏、艺术如此密切地关联着，都需要知识与智力、规则与合作、心动与行动，用当前教育界的话来

[①] E.H.贡布里希. 秩序感——装饰艺术的心理学研究[M]. 范景中，杨思梁，徐一维，译. 南宁：广西美术出版社，2014：184-185.

图 4-2　陶艺制作。

说，就自然具备德、智、体、美、劳五育的效果了。

如果不是制作器物，而是欣赏器物的成品呢？这时的审美在脑海中进行，还有没有学习和练习呢？实际上，欣赏者的各种认识能力也是在相互协调着的，就像手工操作时手、眼、脑之间的关系那样。人们在看到精致的饮食器皿时，并未触碰，便说其具有清脆感、金属质感、质朴感、厚重感，如此等等，这些感觉似乎与视觉并无直接联系，人们是如何感觉到的呢？这就是审美通感了，理性思维能力、想象力、联想在共同引导着感觉。但人们对同一物件的感觉往往并不一致，而上述感觉也并非所有人都会产生。只有那些喜爱器皿，常常细心去体味的人才会有这类感觉，因为他们平时在观察、把玩时，就在学习和练习。

第二章谈到的乾隆题诗咏古玉，就是一个研究器物很深入的例子。对于图 2-2（P16）玉璧的时代，乾隆在诗中发表鉴赏意见说"沕然见此虞夏器，谓之曰汉实顿置"，反对当时流行的汉代之说，推测玉璧来自比周朝还要更古老的虞夏。这种现代考古学才能得出的结论，在当时可是乾隆反复深入观察玉器，并钻研大量文献、考证大量古器的结果。

而且，欣赏也是一种交流，既体会作者传达出的快乐，又领悟器物所蕴含的文化背景和知识。如依材料特征而制作的器物讲述了运用材料的规则，节约成本的器物设计则诉说了现代民主理念。右图中的套球有二十多层，层层皆可灵活转动，如此精确地分层来进行雕镂，是怎样做到的？如果看一看台北故宫博物院制作的录像，会发现中学立体几何有相关知识。

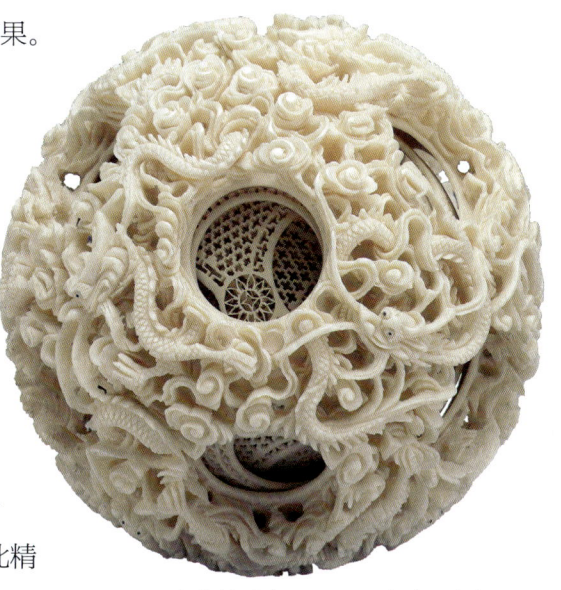

图 4-3　广东镂雕象牙云龙纹套球，清代，台北故宫博物院收藏。

如此的学习和练习，并不仅仅是学习已有知识，也不止于将不同的知识经验联系和综合起来，因为审美还有更重要的收获，即启发人的创造性思维。

三、对潜能的启发：创造性思维

当前文说人们在对饮食器皿产生美感时，有理性思维能力、想象力在共同引导感觉，这其实是欣赏者在自己头脑中进行着美的创造。"一千个人眼中有一千个哈姆雷特"也是经由创造才得来的。**审美所具有的创**

造性，使人们在欣赏器物时，收获的不仅仅是愉快的情感，还同时完成了一项创造。

立普斯为审美举了一个这样的例子：人们看希腊建筑的石柱支撑着屋顶，就感觉石柱仿佛是自己在凝成一股耸立的劲儿。这种感觉来源于人们在那一瞬间的类比：自己持重时就会用这样挺立的姿态。你看，欣赏者自己在心里创造了一个"昂然挺立"的形象。[①] 这种将自己情感倾注到某物上的审美直觉，尽管其中的类比和倾注不为后来的美学理论所认同，但是突出了审美时直觉和想象两大因素，让我们意识到审美的心理过程具有创造性。

看下图所示的茶壶，你有什么感觉？鲜艳？华丽？神秘？可爱？稚

图 4-4　特雷马托尼亚（Trematonia）茶壶，以特雷马顿古城堡命名，英国家居品牌哈克尼之家（House of Hackney）的产品。

---

① 朱光潜. 西方美学史 [M]. 北京：人民文学出版社，2002：593-594.

气?不论是什么,都是你具有创造性的直觉,是凭借个体感觉、依据既往经验所创造的美感。或许你还开展了联想,甚至展开了想象的翅膀:过年了、儿童画、丛林探险、怪兽、童话生活……可以说是任意洒脱的创造。

现代美学越来越关注审美过程中的创造性,其所关注的艺术,也已超越了传统意义上的再现、模仿,创造越来越成为核心。挑战传统艺术的马塞尔·杜尚(Marcel Duchamp)就认为"创作的行为并非艺术家的独角戏"。当我们欣赏艺术品时,其实它是"未完成的作品,直到它被一个或者多个观众观看并且思考之后才算完成"。因此,审美就是在创作:"艺术品作为一件独立的产物是艺术家、观众和不可预测的偶然行动三方的共同产物——这是一个自由的创作过程。"[1] 20世纪末兴起的参与式艺术(Participatory art)尽管备受质疑,却为大众审美的创造性提供了具有外在形式的平台,更是普适性地让观众成为艺术品的共同创造者。

其实中国古人早就理解和注重审美的创造性了。国画的留白艺术,就以杜尚所说的"未完成",为后来的欣赏者留下了创造空间。

较之艺术品,器物与创作者之外的人有着更广泛也更深入的互动,因为一件器物所凝聚的美感和使用效果,可能涉及每一个部位的原创者和改造者,涉及其背后的许多经历和故事。比方说,东西方不同形式的厨刀,结合了二者特征的三德刀,在不同的使用手法中展现出不一样的韵律与节奏。这反映出东西方各异的备菜和烹饪方式,折射出东西方饮食文化的发展史及其交融。

更为重要的是,器物是为人们所使用的,使用者只有通过与物深

---

[1] 卡尔文·汤姆金斯. 杜尚[M]. 兰梅,译. 武汉:武汉大学出版社,2019:415-417.

人的交流，用起来才可能得心应手。在这个意义上，器物审美并不限于观感，而有触觉、听觉，更有质感、韵律、力量。使用者在现实生活中，以自己独有的创造性达成器物的实用性和美感。在厨刀的例子中，由东西方厨师之手所创造出的不同美感，我们在观看国际厨师大赛的电视节目时就能领会到。

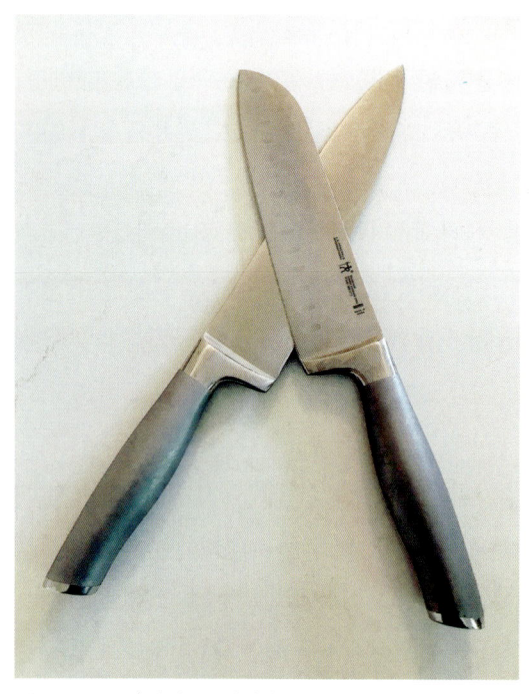

图 4-5　西式主厨刀（左）与三德刀（右）。

四、对情感的丰富：陶冶性情

审美不只是评判、欣赏美的事物。

英文 aesthetic（审美）来自希腊语，表示感觉、感知。后来德国的哲学家们将其运用于研究美（beautiful）的本质、来源，产生了美学（aesthetics）。再后来，审美的意义扩展，关系到好的品位、鉴赏、艺术性。可见审美与美学两个词中的"美"，不局限于我们平时说的美（beautiful）。

形式美固然非常重要，但审美所审的不仅仅是形式美。比方说，丑角的形象丑，仍是重要的审美对象。而观众对那些将"丑"深入到形象之内的行为特征，边看边恨，依然是典型的审美经历。形式上的丑，还可以是尼采所赞叹的酒神精神，以"醉"的狂野表达旺盛的生命力。

艺术形象来自生活，又走入人们的现实生活，在那里，人们使用的器物有以丑为美的例证。这集中反映在与神或鬼相关的物品上：在中国，建筑使用面目狰狞的怪兽镇宅，喜庆日子里人们悬挂貌丑的钟馗画像以镇鬼驱邪；在西方，万圣节时人们装扮成各种妖魔鬼怪，房屋以坟墓、鬼、大蜘蛛等作为装饰，圣诞节穿丑毛衣、用丑杯子。

如同审美的美不一定是美丽的形象，审美产生的美感也不仅仅是美丽所带来的快乐感。美感历来被认为与爱情有着某种密切的联系，与钟情于一个人的感觉有同类的复杂性：很大程度上不同于单纯的开心、快乐，爱情的感觉里甚至有一种痛，有一种心被击中、受伤的奇妙感觉。因此，古代就有了丘比特之箭的说法，现代又将其比喻为电。美感本来就不只是高兴，而是情感在体会着生命的自由和力量。

我们现在十分流行称一些日用品的美感为"治愈"，如色调柔和的电脑周边，饰有小动物造型的笔，毛茸茸的抱枕，轻巧软和的衣物，也正是审美的愉悦感给予身体以理疗。其中审美的感觉就有欢快、舒适、平静、温暖、亲切等等。

但这种治愈系的美感还只是同一个类别，感伤、恐怖、悲悯、激动等就属于与此对应的另一类别了，这些常常发生于听忧伤音乐、观看悲剧之时。器物也常常唤起这种美感，如原始面具。至于上文的镇宅怪兽、鬼怪装饰、丑服，给人们带来的则是另一类具有趣味性的美感。在过去，是趣味性地表达着人对神的敬畏或对邪魅的趋避；在今天，则是人们趣味性地运用历史中的神秘，为生活添加色彩。

因而，审美所带来的情感是复杂的、多面的。具有美感，是触动了审美者的内心，触发了想象。我们身外的世界无限延伸着，一时看不完，一生体验不尽。我们自己的精神世界也如同无底深渊，神秘莫测，

图 4-6　四神博局纹铜镜，汉代，纽约大都会艺术博物馆收藏。

天圆地方，内区的方形格中有乳钉十二枚，其间刻有用于计算历法的十二地支，其中子、午、辰、酉分别代表四个方位，由四方神灵守护。天界铸 T、L 和 V 形符号，类似工具规与矩，这使博局纹以前被称为规矩纹。博局纹应源于六博游戏棋盘，春秋时期出现，至汉代盛行。

人类对此一直在探索，却至今没有找到答案。如何能以有限的生命来体验这些无限？正是艺术将这些无限性提炼、抽象出来，以看得见摸得着的存在形式带领我们的心去感悟。

当艺术凝结在器物之上，便带着设计者、制作者的热情和故事来到我们身边，进入我们的生活。在受到关注时，它们将偶然间触发人的探究兴趣，吸引人展开无穷遐想。在上图中，游戏—宇宙观—生活用品，三者被中国古人巧妙地联系在一面镜子上。让我们来看看这繁复的纹饰都隐藏了什么秘密吧！

那过去装饰于各类器皿，而今还运用于衣物、日用品等的图纹，在原始社会便已出现，又不断发展于陶瓷器、玉石器、青铜器、竹木器、玻璃器……美既真实地呈现在眼前，又有说不清的遥远、神秘，用美丽、优美无法形容和概括。这样的美感充盈了情，从而滋润着欣赏者的感觉，充实着欣赏者的内心，于是具有陶冶性情的意义。

由于自由的感知、知识的习得、潜能的启发、情感的陶冶，那些具有美感的器物，经由孩子们感知与鉴赏的过程，能潜移默化地帮助他们提升自己的素质，充实他们的人生。

第五章

器物的美育价值：超越学校教育

图 5-1
上：巴黎圣母院的滴水嘴兽。
下：故宫屋顶脊兽。

　　上图中，哥特式教堂屋檐的怪兽是不是有点儿眼熟？曾经在哪儿见过吗？如果一时没有想起来，可以为孩子们打开故宫博物院的游戏馆，玩一玩"太和殿的脊兽"。

那么问题来了：巴黎圣母院的怪兽，与中国古建筑的"五脊六兽"，有什么相通之处？古时候的东西方工匠，为啥不约而同地在房子上造怪兽呢？那时候的我们和他们，看到这些怪兽时有相同的感想吗？

如果我们带着孩子，不远万里来到巴黎参观圣母院，会留意到怪兽，会去细想吗？

一、知识和经验影响审美

成年人力图为后辈们创造更多机会去接触美，比如带孩子们去博物馆、去旅游。可是为什么，孩子们似乎不一定有那么大兴趣？再问问自己，审美为何并不一定让我们身心愉悦、自由畅快，也许完全谈不上触动了我们的心灵？

巴黎圣母院那大型的彩色玻璃窗、高耸上升的屋顶、圣经故事绘图、精致华丽的装饰，确实美。不过在亲临之前，我们也在影视作品、网络图片，加之一些仿制品中见识过了。身临其境带来的震撼是那么短暂，于是我们开始走马观花，拍照发朋友圈，尚未来得及欣赏美景，就在导游催促中奔赴下一个景点或购物点。这石柱、雕刻、玻璃，既没有哪儿让我们感触良多，也更无法奢谈什么自由感。我们的确脱离了上班、上学的约束，却又置身于行程、旅行社条款、消费、面子等或许更复杂的新羁绊之中。

也许我们需要更多时间静静地去感受，这样才能适当地引导孩子仔细观察和体会？如果怪兽的形象触动了联想和思考，正如本章开头所说的那样，那么，思绪就会像一座座桥，将当前的经历与其他的审美体验、学校及家庭教育、阅读经验、日常交往，纷纷建立联结。就像画家吴冠中那样，能从对形态美的把握中，将哥特式建筑上升的力量感与黄山的松联系起来，而不用应了他"美盲要比文盲多"的感叹了。①

教堂容纳了那么多器物，集中了多种形式的艺术。让我们在静观中，仔细观察那些复杂精美的雕刻，比如圣人和历史名人雕像，而这背后的西方历史、宗教、神话，我们是否了解并理解过？否则，我们可能无法体会，一座建筑承载了那么丰富的情感——中世纪的建筑师以怎样的情感创造了这样的教堂？当时的人们以怎样的情感在这样的教堂中聆听教诲？

建筑既是巨大的容器，又是经典的艺术类型，它们的美感总是将艺

图 5-2 飞扶壁。

---

① 吴冠中. 美盲要比文盲多 [M]// 吴冠中. 皓首学术随笔：吴冠中卷. 北京：中华书局，2006：66.

术性与实用性融为一体。无论其自身的创造，还是人们对其的欣赏，都深深打上了社会文化的烙印。这样的特征，我们的心灵深处或许感受得到，但甚少去思考。比如建筑在物理上与美观上的关系——尖拱门和拱顶，以及飞扶壁的设计，在力学上，可以分散墙与天花板的重量，给巨大而空旷的建筑提供强有力的支撑；在视觉上，则传递了庄严宏伟的感觉。如此既科学又美学的问题，在建筑还不是一门科学的时代，是怎样进入设计者的思维和意识的？

二、学习在器物审美中自觉与不自觉地发生

孩子在器物审美中的学习，既自觉地发生，又不自觉地发生。

自觉源自孩子的主动，主动是因为自己想去探索。孩子们有很多机会获得审美体验，前文的建筑考察就是其中之一。在这种经历中，自觉学习的过程起始于孩子的好奇心，当他们看到具有美感的器物时，不仅想要探索一番，了解它的来龙去脉，而且展开联想、想象的翅膀，让思绪自由地飞翔。

孩子成长的社会文化环境千差万别。由于他们读不一样的书，使用不一样的物品，成长于不一样的家庭，拥有不一样的朋友，处于社会网络中不同节点，同一对象所触动的美感必然有很大的差异。这种微观社会文化因素的影响具有诸多偶然性，但更有个人主动习得所产生的效果。孩子的主动习得，是将自己浸润于社会文化之中，吸收并内化文化，创造并反馈给文化，彼此交融。

而不自觉地学习，是因为审美体验的深化是潜移默化的，孩子感觉不到这与听课、背课文、做习题等平时在学校的学习有何联系，审美体验就在悄然发生。

当孩子惊讶于某个发现，或是提出了某个问题，或是嘟囔着要查清

楚这和某现象有何区别……当成人心领神会地露出微笑，或是忧伤地发出一声感叹，或是若有所思……那都是心灵在自由地活动。这种丰富的情感体验、两代人的交流，以及其后可能进行的探索，发掘出了器物所隐含着的深层次意义，审美的过程让生活更有意思，让心灵更为充实。

审美的妙处在于，当大人小孩从平日繁忙的工作和学习中走出来，自由自在地玩时，已经将教育、学习之类的抛在脑后了，却又在不知不觉中收获了学习和练习的成果。虽说是不知不觉，却又与个人平日的学习和积累有关，**审美与教育就这样互相作用着，相辅相成：审美促使人们去学习和练习，学习又促进美感的拓展和深化。**

三、孩子成长的理想是自由全面发展

毋庸赘言，上学是孩子们成长中十分重要的活动。学校教育与家庭教育相互交织，同时还在社会这个大系统中发展。因此，关注孩子发展的家长，必然会将眼光拓展到学校教育，了解其为孩子带来了什么影响，了解其在社会变动中的发展。

孩子的发展不仅以全面为目标，而且以自由为宗旨。

其实自古以来学校教育就是这么做的：在古代中国，学生学六艺；在古希腊，老师教七艺。难道教育越发展越落后了？并非如此，在生产力水平尚低的古代，仅有上层社会的有闲阶层才有接受系统教育的机会，自由全面只属于少数人。

后来，学校教育走向了自由与全面的反面。到了近代，随着生产力水平大为提高，民主与理性革命性地影响了社会文化。学校教育在其中令人欣喜地进步着，却在工业发展对职业教育的要求下，一步步地走向另一极端：过度强调学习实用性的知识技能，而忽视人的自由全面发展。这种"片面性"的教育还违背了民主的基本理念，即杜威精辟地指

出的：实现的是"雇主的目的"①。

这种 100 多年前的现象，家长肯定不愿意看到在孩子身上重现。但是，不自由与片面的特征，真的已经毫无踪迹了吗？

当代教育再次提出注重人的全面发展，这已完全不同于古代面向贵族的博雅教育。不仅在广度上，立足于民主理念而面向所有人；而且在深度上，根植于现代心理学而向人的深层心理挖掘。潜意识、非理性，人类在更深一步地探索宇宙、自然的同时，不停息地剖析自己。**当代教育所追求的人的发展，不仅是全面的，而且是自由的。自由就意味着全面，不再是片面地"学了数理化，走遍天下都不怕"，而是个人根据自己的兴趣，在掌握了基本知识技能的前提下，朝着自己所想去自由追求，发现自己的天赋，发掘自己的潜能。**

全部的人、人的全面，这样的教育理想无疑是一种巨大的挑战，只能趋近而无法完全实现。不过，人类进步本身也就是朝着理想不断追求，没有终点可言。

四、并非所有的孩子将来都要成为艺术家

美育的宗旨不是培养艺术专门人才。虽然未来的艺术家必然在当前的孩子们中产生，但他们将走向各行各业、各个领域，自由施展各自的才华。因而，如上文所言，自由全面发展才是孩子成长的理想。

在这条追索理想的道路上，人类已经意识到，狭窄的专业化教育与人的自由全面发展是对立的。狭窄的专业化教育，即教育过度强调专业技术能力。现在教育正在不断寻求消解这种对立局面的办法，比如即便到了高等教育阶段，大学也开设通识教育课程，以促进学生素质全面发

---

① 约翰·杜威. 民主主义与教育 [M]. 王承绪，译. 北京：人民教育出版社，2001：277.

展。但是，全面并非各科类、各知识、各能力的叠加。将美育与德智体劳课程分科安排，是学校教育令人欣喜的进步，却并没有将美育渗透、融化在孩子成长的方方面面。

并非所有的孩子将来都要成为艺术家，但并不妨碍所有的孩子都可以拥有自己充盈着美的人生。这就呼唤着"广泛"的美与"精深"的美互为补充，以这种多样美的有机构成来滋润孩子审美的心灵。对于美学而言，精而深意味着专业，广而泛意味着日常，前者将创造美的任务交给艺术家，将艺术品作为专门的审美对象；后者将创造美的工作向普通人扩散，将审美对象向日常用品延展。当然，在现代社会，日常用品的设计常出自设计师之手，有时他们也是艺术家，对此我们在第三章便已有了解。

纯艺术品以表达和传递美为目的，凝结了艺术家的情感和智慧，无疑拥有经典、专业的艺术性；它们的不可复制特征，又平添了独特、个性。艺术欣赏早已成为人们所熟知的美育途径。

日常所接触的实用器物是美育的另一途径。它们频频出现

图 5-3　飞溅奶瓶晾干架，美国现代工业设计师斯科特·亨德森（Scott Henderson）的作品。摄影：Shenderson1。

于各种场合,因而能更为便捷地传递情感,即所谓"广"。器物的设计制作是创造美的作品,欣赏器物的审美也是一种创造性的心理活动,无处不在的创造,所产生的美直接对应着普通民众的生活,使美没有那么高深;所表达的美感是平和普通的,没有那么激烈浓郁。这样的"泛",大众更易于产生共鸣。

无论孩子未来的专业是什么,美都无处不存在于他们生活、学习的方方面面。用审美的眼睛看世界,用审美的心灵体验生活,这是面向每一个孩子的美育所追求的理想。

五、器物审美对学校教育的补充和超越

在当前这个时代,一方面,丰富起来了的物在侵占精神空间,人的精神生活为商业行为所导向和支配;另一方面,人们不再满足于物的丰富,转向寻求更为丰富的内心世界。在这样的情形下,青少年对于美的感悟和鉴赏很容易陷入迷茫:宣传中美的事物太多了,到底美不美呢?为什么原来看起来美的,现在觉得腻味、无聊呢?在经济的飞速发展中,感性信息日益增多,且更加多样化,容易让青少年误以为在追求美,却又为物所左右。学校教育面对新时代的挑战有了很多的回应,但学校教育在审美素质的发展上本身就有限,并不足以应对其复杂性。

有限性首先反映在时间和空间上,迫切需要家庭教育来补充。从时间上看,孩子的节假日与上学时间几乎平分。在学校度过的时间虽然随年级增长而递增,但美育时间则呈递减趋势。从空间上看,学校虽然也属于一个小社会,但学校之外的大社会显然有更为广阔的空间。无论是孩子成长中的迷茫和疑问,还是美的感受,都大多数涉及学校教育之外,来自广泛、细节的日常生活。

发挥器物的审美价值,可以寻求、开拓学校教育之外的美育途径。

但是，借由器物审美，可以实现对学校教育的超越，这是不是太夸张了？让我们进一步来推敲学校教育在审美素质发展方面的局限性。

在本章前面所谈的内容中，第一点"知识和经验"的确可以很大程度上在学校实现。因为学校本来就是学习知识、发展能力的场所。在五育中以智育为重，并不是学校教育的缺陷，而是其先天性特征。

学校是以课程来开展教育活动的，没有课程不能称其为学校教育。课程意味着分门别类、具体的教学活动、课程评价等非常科学化的内涵，同时也意味着规则高于自由，而不是第四章所说的审美的特征：自由而有规则。

课程的规则之中必然有评价，没有评价无法保证教育质量，但评价也易于限制自由。并非学校教育故意要限制自由，而是自由的东西很难评价，审美素质的发展就很难评价。

美育中易于评价的是艺术教育，因此学校美育很长时期以艺术教育为主。美育不等于艺术教育，如前文所说的：不是所有的孩子将来都成为艺术家。在理论上厘清了这一点之后，学校教育开始强调审美教育。这当然是很大的进步，但孩子审美素质的成长，我们在第二章就得出了"并不能直接去教"的结论。美感是主观于心的内在情感，孩子在学习用什么样的方法去欣赏艺术品时，情感真的会产生吗？

由于器物伴随着家庭日常生活，那么融于生活的美育方式，能让孩子感受美和创造美的素质，就成长在平时的不经意之中，比之学校教育，更能引起前文所说的"自觉、不自觉"学习。

对美的欣赏和创造与成绩、升学、荣誉无关，孩子的发展才有可能真正自由起来。当审美对象不仅仅是课堂上被安排好了的艺术品、工艺品时，孩子有了选择的自由，就会在发现、欣赏后自己去探索，这将有助于孩子通过自我领会的方式来获得成长。器物审美提供了诸多机会，让孩子去感受、去想象、去判断，激发他们的创造力和想象力。这样的美育方式，不仅能在时空上补充学校教育，而且具备了学校教育所不能具备的优势，因此可以称得上是超越。

对于父母来说，如何运用器物审美来补充和超越学校美育，实践途径留待第三篇进行探讨，在接下来的第二篇，我们的话题将是：器物之美是如何帮助孩子提升各方面审美素养的。

第二篇

器物之美如何孕育审美素养

审美愉悦并非为人类所独具，这是达尔文在《人类的由来》中早已采用诸多实例说明了的问题，如凉棚鸟、别墅鸟不遗余力地收集各类物品来装饰它们的屋子，展现出风格各异的"鸟类建筑术"[1]。阿恩海姆也例举过，黑猩猩饶有兴趣地给自己的笼子涂色，通过身体的运动留下了美的痕迹让自己高兴[2]。类似的是，婴儿看到鲜艳的玩具时满脸开心，听到拨浪鼓咚咚作响会马上转动头和眼

图 6-0-1 动物界的建筑：秃头黄蜂窝。

---

[1] 达尔文. 人类的由来 [M]. 潘光旦，胡寿文，译. 北京：商务印书馆，1983：632.

[2] 鲁道夫·阿恩海姆. 艺术与视知觉 [M]. 孟沛欣，译. 长沙：湖南美术出版社，2008：132.

图 6-0-2 动物界的建筑：美洲知更鸟的鸟巢。

睛去寻找。

　　基于感觉的反应是审美的起步；以动作制造出视觉效果，也是艺术创造的起步。与动物不同的是，婴幼儿慢慢长大，就不会停下审美和创造美的脚步。诚如达尔文所言"高度的赏鉴能力是通过了文化才取得的"，正是在与文化的相互作用中，人的审美从被动的反应到主动的追求，从对现实的描绘到创造符号来表现自己，从面对美的"审"，到感之后的"悟"，都会逐渐丰富起来。

图 6-0-3 人类的建筑：包豪斯教学楼。

欣赏和创造美的基本涵养，大体包括审美意识、知识和能力、心理素质、道德、秩序感。这些素质与审美的感悟相互建构，人才能更多地发现美、欣赏美、享受美、创造美，在此过程中，相关的意识、能力和知识等又得到进一步的发展。

器物如何使这样的相互建构成为可能？也就是说，借由器物，审美素养是如何得到提升的？第六至十三章正是寻找答案之旅。

第六章
器物设计与审美意识

每每毕加索的作品拍卖出天价，就会有不少家长纳闷：我家孩子的作品不就是这样的吗？其实这并非无知，而是以直觉感知到了毕加索艺术灵感的来源：原始艺术，那是人类孩提时代的艺术。你看，孩子们玩耍时剪剪拼拼倒腾出来的小物件，还被电影借用了：《玩具总动员4》中的主玩具叉叉（Forky），是小主人邦妮用废弃材料制作的。制作叉叉的场景来自如今幼儿园、小学常见的手工课，儿童稚拙的设计与创作就反映了他们的审美。审美意识真是一种天性，创造意识也是一种天性，只不过能否充分发挥、如何走向成熟，确与后来的成长有关。这也是美育的宗旨所在，从学前教育开始，更早从之前的家庭教育开始，小孩子的写写画画、拆拆装装，就是在挖掘他们的潜能、抒发他们的天性了。

一、器物设计唤醒了审美意识

人类在天性中就拥有审美意识，审美意识一直陪伴着孩子的成长。玩具叉叉并非全由邦妮手工制作而成，它本身就是垃圾桶里的一把一次性叉子、两颗扣子和一根红绳，被邦妮创造性地排列组合了起来，与毕加索的作品很有异曲同工之意。

与叉叉最为异曲同工的毕加索艺术品还不是油画，而是拼贴作品。毕加索用报纸、手袋、编织品及木头、玻璃等的废弃碎片来创作艺术品，这种拼贴的方式，将生活物品以艺术的形式呈现了出来——他并未创造作品中的任何一件物品，但专属于他个人的创新观念、艺术想象、情感意味，就在材料组织中得到了表现。

毕加索在法国的工作室中拼拼贴贴，却为俄国接下来的一场艺术变革埋下了种子，成为现代设计的一支重要源头。而"设计"的想法最终造就了了不起的现代设计，让美化生活的观念后来得以在大众层面广泛形成。

将变革的种子带回故乡的，是俄国艺术家弗拉基米尔·塔特林（Vladimir Tatlin），他参观了毕加索的工作室之后无比感叹：艺术竟然可以是这个样子的？！就像我们审美时先是感叹，然后开始探索一样……后来，构成主义在俄国诞生，更为前卫地走向完全抽象。

抽象的特征不仅成为现代艺术的重要特点，也为后来的"设计"提供了思路。不过，关于"设计"的实践，这还只是一条源远流长的支流，它流向魏玛共和国时期的德国，"设计"的真正元老包豪斯（Bauhaus，德语为建筑住宅的意思）在此诞生。

当我们看到联合国总部大楼的玻璃幕墙和立方体架构时，是不是会联想到这样的词汇——现代、理性、简约？这就是包豪斯建筑（图6-0-3，P63）的常见外表，在全世界的大城市，包豪斯建筑随处可见。不仅建筑，各种包豪斯风格的家居产品频频现身于时尚杂志。其实，包豪斯最闪耀之处不是外形，而是开创性的变革精神——以设计将艺术与工业生产结合起来。

在今天看来，结合艺术与工业生产并不神奇，那是因为我们早已生活在如此氛围之中了——融入了艺术性的实用产品就在我们身边，审美意识在大众的生活中广泛扎根。然而在百年以前，生活用品审美还是一件奢侈的事。在一定意义上，包豪斯运动及其在全球的影响，可以说是唤醒了大众对于实用器物的审美意识。

人类的审美意识是本源性的，这大概可以被称为包豪斯运动的"群

图 6-1 德国陶艺师西奥多·博格勒（Theodor Bogler）在包豪斯就读期间制作的陶壶（1918—1922年）。德国科隆应用艺术博物馆展品。摄影：Daderot。

众"基础。但在只有贵族才能一边吃喝一边悠闲地欣赏手工艺品的年代，艰辛谋生的普通人哪有那么多工夫审美呢，也买不起那些精致的产品啊。

改变这一局面的是工业革命：大规模机器生产才能将价格压下来。但在当时，机器挤去了人的工作，后来又束缚了人的自由，于是，反工业化、呼吁复兴手工艺的浪潮，在工业革命的发源地英国掀起，即工艺美术运动（the Arts and Crafts Movement）。这么一来，人们兜兜转转似乎又回到了原路：离开了机器大生产，昂贵的手工艺产品还是只能满足少数有钱人的审美需求。

到底要怎么办？这个在英国的难题，却在德国找到了答案。对此，德国驻英大使馆建筑专员赫尔曼·穆特修斯（Hermann Muthesius）功高不赏，他在多年研究英国实用艺术后，将其思想和实践方法带回了慕尼黑，成为德意志制造联盟得以创建最重要的基础。联盟成员瓦尔特·格洛佩斯（Walter Gropius）1926年创立包豪斯艺术和设计流派，在学校包豪斯进行实践。在经济亟待发展的德国，包豪斯通过设计使机器批量制造的产品具备美感，兼顾实用、美观、平价的产品由此进入了大众的审美生活。手工艺与工业结合，实质是个人艺术创造与大规模生产的结合。

受毕加索启发的那一支力量，也沿着西欧—俄国—德国的地理路径，促使艺术服务于实用产品的设计，造就了产品形式的抽象化。

器物设计就这样渐渐地将审美融入了大众的日常生活。当然，功臣并非包豪斯一个，只是包豪斯在向全球传播设计理念上，发挥了无可替代的作用。它以教育机构的方式来呈现，创造性地大幅提高了工业设计者的地位、更新了社会对于劳动者的认识。现代社会更以知识产权来表达对设计师的尊重、对设计行业的保护。

二、继承与创新中的器物之美

工业化与设计的兴起，为器物的美感注入了这样的特征：抽象、现代。但是，人们对美的感受是个性的、多元的，如果做一个简单二分，自然、复古，就会是另一种审美倾向。

你喜欢流线型的车辆建筑，简单的外观，几何的结构……飞扬着生命的活力，彰显着现代人的生活节奏。但我反而像某一阶段的古人那样，喜欢看到鲜花开放在茶杯上，喜欢食品盘上有蝴蝶飞过，喜欢云朵、小溪、树叶、果实出现在生活器物上。

就像是很多人选择了以包豪斯风格来营造家居、办公氛围，另有不少人倾向于将复古的味道带入自己的日常。曾经服务于少数贵族的手工艺，现在在大众中流行开来。手工艺作品、定制品，带着古老的传说，带着民族的印记，以"复古"的姿态，又进入了我们的审美意识。

图 6-2 远古陶器与现代家具上的几何图案。
左：塞斯克洛文化陶器，新石器时代，希腊国家考古博物馆收藏。摄影：Gary Todd。
右：Chair one，德国设计师康斯坦丁·格里奇（Konstantin Grcic）2004 年设计，意大利玛吉斯（Magis）制造，美国新地艺术博物馆展品。

有意思的是，关于复古，我们发生了争论：你说几何形状才是复古，不信你看看古代陶盆上的三角形纹路。没错，人类早期以几何纹来装饰器物，随着人与自然的交流，才转向模仿自然。因此，对于当代来说，恢复无机几何是复古，恢复描述自然是"复"的另一时期的古。从另一个角度看，艺术与生活界限的模糊也是一种复古。在原始社会，人类还没有专门的艺术创作者，艺术创造的专门化是随分工而出现的，而在当代，生活即艺术的观念推动审美意识融入日常生活，也是在回归本初。当然，复古并非简单地恢复过去，而是在继承的同时，进行着富含了创新的扬弃。

在器物设计中，继承与创新一直亲密无间携手而行。前面说的包豪斯运动极具革新精神，但其中的抽象造型，就可以追溯到原始人类的艺术创造。不过，在这一时期，还有一位对继承与创新的兼容体现得更为鲜明，那就是装饰艺术（Art Deco）。装饰艺术真是一个神奇的存在，可以说很简单：以追求器物之美实践着生活美学；又可以说很复杂——既是之前各种艺术的集大成者，又是令人耳目一新的叛逆者。既继承了自然风格，又吸收了工业文明的装饰方式。既继承了古老工艺传统，又大胆采用新型材料、运用简洁造型。既排斥现代性工艺设计的"无装饰"倾向，又采纳了其对艺术与工业生产的结合。

装饰艺术的身影今天依然频频出现，早已从奢侈品走向大众流行产品。继承与创新的精神凝结在器物之美上，却并不区分奢侈品和普通日用品。

古驰（Gucci）的酒神（Dionysus）包重拾了古老艺术的酒神精神，但又与当代人的审美心理无形融合。以虎头为标志的开合讲述了酒神狄俄尼索斯（Dionysus）骑着老虎过底格里斯河的神话，酒神教人酿酒，还是狂欢之神，是情路复杂、肆意挥洒青春的典型。在这个设计中，代表成熟和力量的虎，象征青春与迷狂的酒，人类对自然本能的经典追求和当代人寻求释放激情的审美意识不期而遇。

与之相对地，从节约资源的角度实践继承与创新，具有传统文化特色的形象常被运用于日用品的设计。如京剧脸谱那极具中国传统文化韵味的形象被餐具、文具、玩具等的设计所开发。

器物设计还搭乘上了文化创意之舟。以收藏文物很齐全的北京故宫为例，文创将文物以时尚的姿态带入了我们的生活，书签、日历、笔记本、雨伞、水壶等产品，或经典，或新锐，或有趣味性，或有知识性。如摇香蝶影香薰蜡烛，就将传统的走马灯原理、扇形屏风、皮影戏及现代的蜡烛香薰融为一体。免费产品的开发更为教育系统之外的器物

图 6-3 京剧脸谱笔。

文化接触创造了条件，如《故宫陶瓷馆》《故宫展览》《紫禁城 365》等 App 产品，以现代技术实现诸多藏品的云欣赏和探究体验。

三、以审美意识提升生活品位

很多实用器物在经历了一代又一代的设计、创新之后，装饰性与实用性不再需要彼此牺牲，而是相辅相成地融合起来。这使大众通过日常用品就可以置身于审美的氛围，拥有诗意的生活，审美意识渗透于生活日常之中。

传统器物的艺术性在中国经历了民间—官方—民间循环发展的过程。先民制造出原始器物即工具，然后走向文化性或装饰性。那些粗陶土罐上的描画，用德国艺术史家威廉·沃林格的话说来，属于人类"艺

图 6-4 红蓝椅。荷兰设计师格里特·里特维尔德（Gerrit Rietveld）1917 年作品，美国圣路易斯艺术博物馆收藏。

红蓝椅是现代家具的标志性作品，反映了现代器物对视觉、结构简约化的追求：以直线与平面构图，色彩采用原色。设计师希望家具不再局限于手工制作，而是投入批量生产，进入大众的生活。

术活动的最初萌动"①。早期器物由生活日用品发展向礼器，往往为具有权威的首领聚集人力物力精心打造而成。之所以"要"下这样的功夫，是因为礼器可以赋予首领以神性的光辉。之所以"能"下这样的功夫，是因为首领具有这样的实力来积聚英才，如工艺师，他们就是艺术家，发明创造了很多器物纹饰，令数千年之后的人们仍赞叹不已。

后来，当具有艺术性的生活用品，尤其是官方制造的产品，带着耗费大量人工的繁复纹饰、精雕细琢来到西方时，正契合了西方上流社会对奢华的追求，这是后来西方装饰艺术受东方情调影响的重要原因。

我们的祖先制造了大量超越日用意义的文化性器物，如礼器、权器、铭器等，其中一些器物又逐渐走下神坛，走向人们的日常生活，成为装饰性器物。

这种向民间日常生活的扩展，与文人的雅兴是分不开的。明朝时，文人将生活中的器物美学发挥到了极致，插花的花器便是见证之一。万历年间，张谦德作《瓶花谱》一文，非常细致地阐述了花瓶与插花的知识和他的见解——花瓶的选择随季节而变化，因地点而不同；从材质来说，宜用有"清雅"之感的瓷和铜，而非金银。这种对器物选择的讲究，完全是精神追求，寄托文人的情怀。其中还有对自由的向往，即讲究瓶花的自然灵动，不受仪式约束，别摆得像神庙的祭祀品。花瓶本是一种清供，渊源于祭奠祖先和礼佛，发展到此，就越来越要摆脱"供"的涵义，而追求"清"，直指向审美的本初趣旨——自由。

花瓶还是实用的花器，张氏对实用也颇有心得，如瓶口要小、底部要厚实，才不漏气、放得稳，很是质朴。但他讲究起来，又非常浪

---

① 威廉·沃林格. 抽象与移情——对艺术风格的心理学研究[M]. 王才勇，译. 北京：金城出版社，2010：40.

漫，说在土中埋藏了多年的"古铜瓶钵"，或是"陶器入土千年"，深深感染了土壤的气息，用这样的瓶来养花，"花色鲜明如枝头，开速而谢迟"，花谢了还可能"就瓶结实"呢。

在张氏的时代，只有那些富足的家族后代，才可以从小受到良好教育，博览群书，欣赏一件器物时脑中有"水秀""传世古"这些高深概念。而当今，任何一名普通人都具备这样或那样的条件对生活用品的美感"讲究"一番，"贫穷艺术"（Arte Povera）还将废物利用的观念广为传播，甚至运用废旧物品来发展艺术或美化生活。

何谓贫穷艺术？现在我们挪步西方，看一看当代西方艺术如何以新的眼光，来重新审视日常器物之美的吧。

"生活即艺术，艺术即生活"的理念比起设计和使用奢侈品来，其时尚程度有过之而无不及。上文所说的毕加索用废旧材料进行创作，是该理念的一个重要源头。而到了20世纪下半叶，发生于意大利的贫穷艺术运动、日本的生活方式工艺运动（Seikatsu Kogei）则将这一观念广泛而深入地融入了人们的生活。运用不起眼的低价物品，甚至回收废弃物来创作艺术品、设计用品，今天依然十分流行。

如果说贫穷艺术"点化"了生活材料，将生活引向艺术，那么几十年之后的生活方式工艺运动，则反过来将艺术渗入了生活。日本艺术家依循"诚实贫困"的哲学，创作出适合现代生活、大众又买得起的生活器皿，并以此传达生活之美，现在仍受到东西方社会广泛认可。

废物利用美化生活，这在我们身边很多见。比如现在很多家庭喜欢回收破碗、食品罐、包装箱等，改造装饰一番用来养花。英文中有一个专用词汇——升级再造花园（upcycled garden），图6-5（P74）这件作品就以此词汇命名，不同的是，再造的不是花器，而是花花草草本身。作品出自一位艺术家疫情期间居家时的创意，靓丽的花园由比萨包

图 6-5　升级再造花园，作者：丹尼尔·塞弗特（Daniel Seifert），美国。

装、快递盒、新冠测试盒等改造而成。现在这些作品仍然展出于公园等地，欣赏者目光所及是废旧材料打造出的生命，而心中品味着的则是关于那一场全球重大事件的回忆，也许不乏伤感，但仍有希望与美好。

"爱美之心人皆有之"，孩子们原本皆具有审美意识，并不需要经过特别的学习和专门的训练。只是这种意识常常成了潜意识，要么沉睡着未被唤醒，要么受压抑未得释放。上文所述的各例粗略描绘了具有多样性、复杂性美感的器物图景。能激发当代青少年心中之美的，有传统的工艺品和艺术品，还有一些值得关注的东西，从不同角度在日常生活中提示着美：它们或是触动人心，或是属于"外面的世界"；或是反映现实，或是处于时代前沿。**孩子们需要放慢脚步，多看看身边的世界，与周围的人和物同样进行情感交流。**让他们解放自己的审美天性，先将知识、经济、道德存而不论，就以纷繁多样的物为中介，去品味一系列属于"既……又"的美感吧：既是表层的感觉，又出自灵魂深处的追问；既产生交谈的冲动，又让人欲言又止；既有头脑的理性思考，又有身体的感性体会；既有新出现的，又有记忆中的；既有冲突的，又有和谐的；既有让人轻松一笑的，又有引来沉思的……生活中充盈着各种各样的美感，只待留意美的眼睛和心灵。

第七章
器物形线与审美能力

选取自然的木与藤作为素材，以扶手与椅背的半圆弧线、细腿的直线、藤编座椅的交织线，创造出舒心的美感和舒适的使用感——丹麦设计师汉斯·韦格纳（Hans Wegner）1949年的传世之作叉骨椅（Wishbone Chair），又称Y椅，一经问世便深受消费者喜爱。Y椅看上去如此亲切——这灵动雅致的姿态，与中式圈椅是那么神似。没错，正是明代圈椅的典雅设计，随着一副丹麦商人坐姿肖像"远渡重洋"，启发了这位"椅子之王"的灵感，在Y椅之前，他设计的中国椅系列也是如此。

一张肖像上的家具之形可以焕发出设计师创造美的活力，各种器物的形，又对审美能力有哪些帮助呢？

图 7-1　明代圈椅与Y椅。
上：明代黄花梨圈椅，克利夫兰艺术博物馆收藏。
下：汉斯·韦格纳（Hans Wegner）设计的叉骨（Y）椅。

一、圆曲之形与生命感悟

圈椅的扶手与椅背绵延形成大弧，这一条曲线在观感上由背部中心（搭脑）向两侧顺势而前行，似山间涓涓细流，幽静而神秘。妙在搭脑处亦为圆弧，中心高点融入曲线，看不到点的存在，寓有形于无形之中。弧线在两边扶手处温和地改变方向、变化弧度，内收至最前端，引向各不相同的造型，仿佛自然滑向一个出其不意的故事结局。于是，线条的收与放赋予了器物动态的表情，一件静止的器物便拥有了生命力。

曲线是中国椅子最为突出的元素，也是中国传统家具乃至传统器物的经典元素。大型建筑万里长城，随着山势蜿蜒曲折。小型园林曲径通幽，更为小型地构筑曲水，则为古代文人增添了相聚之乐。以酒具"羽觞"置曲水漂流，饮酒赋诗，实见文人生活对审美情趣的追求。在兰亭，曲水流觞催生出诗集，而邀约朋友饮宴的主人王羲之，即兴为诗集作《兰亭序》，则留下了书法艺术的一代佳话。羽觞杯的得名"羽"，是因那犹如一对可爱小翅膀的耳，由此不难想象到其形的生动。下一章图 8-4（P91）即有展示。

一条曲线闭合将成为圆、椭圆、不规则圆，各种曲线组合为多种圆弧形状，这受到中国古代文化符号的青睐，比如太极图就是其中的典型。在器物中，传统茶杯为手握圆形，无把手；客家围龙屋主要是同心圆形围楼，是奇迹般的家族式建筑。

曲线与直线比较，受到了不同方向外部力量的作用，而在迂回曲折中探寻自己的生命状态，如河流受力后蜿蜒前行。康定斯基《点线面》以他对量子力学的理解，为曲线给出了力的表达，从科学角度阐释曲线的受力状态，理性引导着感性，从而让人领悟到线的美感，这是为了给设计学院的学生提供指导。

器物的曲线、圆面，反过来以感性先行，就让人们在日常生活中，无意地体验到了柔韧的生命力。

少了棱角，少了尖锐，避开锋芒，你看，都在描述受力状况。即便不去分析力学，稍有阅历的中国人，也多能感悟到不强求、顺其自然的生命状态，因为自然万物总在相互影响中发展，仔细观察都弯弯曲曲。器物的圆曲形线所展开的生命力空间，正对应着人的曲折经历和圆通态度。于是，玉器以其圆润之形而深获历代中国人喜爱。金庸写有一句"谦谦君子，温润如玉"，这温润不仅仅是看得到的静态之形，更因人的轻抚把玩而具有光洁油润的触感，因人佩戴时的举止而发出清脆悦耳的声音。玉的外表为综合感官所感知，玉所富含的人文意蕴催生出无限遐想，如第二章中的乾隆题诗，玉璧就这样引来了他的思古情怀。

图 7-2　玉坠，溪山行旅图。

这就是一种审美能力——将自己置身于某种情境之中，进入对此生命状态的体验。于是身体之感触动了心中之情，也将平日里头脑中的理性思考引发出来，感觉、情感、理性、想象等各种能力汇聚一堂，真是一个大好的审美能力训练机会！我们往往认为感悟生命的审美能力是从欣赏经典艺术品中获得的，其实，生活中时时接触的器物具有类似的作用，只是较少被人注意到罢了。

二、简洁线条与审美领会

美籍艺术教育家迈克尔·帕森斯（Michael Parsons）对青少年的审美能力进行过调查研究，他在著作《我们如何理解艺术》中提到一对兄妹对毕加索画作《哭泣的女人》的看法。发现 15 岁的哥哥能鉴赏作品的表现性，8 岁的妹妹则领会不到这种立体、抽象的表达。如果以这幅画来测试中国青少年，年龄段将会大大推后，因为毕加索的艺术孕育于陌生的西方文化环境。但若以强调意境表达的国画为审美对象，我们将看到，中国青少年对雅、韵等的感受并不陌生，文艺爱好者还能悟出诸如禅意、空灵等一般西方成年人无法领会到的美感。

审美能力的差异源自不同文化氛围的熏陶，形成这种氛围的因素之一即为器物。尤其承载了数千年文化的中国传统器物，成为一种资源，在博物馆、文化基地、餐厅、茶馆、家居，被运用、推广、创新，营造了艺术氛围。

对于器物来说，相对于面，线是简洁得多的表现形式。中国传统器物常以简约而多变的线条来表达美感，表现出韵律、意境。流动的线纹在宗白华先生眼中有着"舞蹈的意味"，礼器上的图案是"飞动线纹之节奏的交织"，建筑的飞檐如同书法、画法那样"趋向飞舞"。[①]

器物的简洁线条常以其取舍和虚实表达出言外之意。我们常说感觉到禅意，能体会但说不清楚，就好像禅宗起源于拈花微笑，禅之妙无法言传，只可意会。质朴雅致的家具和茶盏创造出空灵素淡的氛围，让人忘却了凡尘杂事，进入一种不散乱的定境，即禅定。此时，或独自冥想，或低声交谈，配上古琴古筝声，让人安静下来，心灵得到极大的慰藉。

为何不少成年中国人能体会到禅意？相信不少人会认同这个答案：

---

① 宗白华. 美学漫步[M]. 上海：上海人民出版社，2005：217，94，149.

凭直觉。直觉，是瞬间产生的感觉，为何瞬间就会有感觉？其实是感觉、情感、想象，以及认识判断能力融合在一起，并反复经验、反复累积的结果，所谓厚积薄发。这样才能形成被英国美学家夏夫兹博里称之为"内在的眼睛"的直观审美能力，能领悟到内在于物的精神气质。有了这样的悟性，康定斯基从他喜爱而熟悉的音乐中"听"到了抽象的线条，从中国塔的外形上"看"到了音乐的旋律节奏，创作出了富有音乐韵味的抽象画。于欣赏者而言，品出抽象艺术的美需要直觉，对禅意的领会同样如此。

现代西方器物也因抽象视觉艺术的发展而大量运用线条。如出自包豪斯学校的瓦西里椅，以弯曲的金属条制作框架，成就了精致而明快的外表。工业风格装修裸露出电线的设计、镂空的楼梯、枝形灯具等等，都展示了线条的现代感。

图 7-3　瓦西里椅（Wassily Chairs）（复制品），马塞尔·布鲁尔（Marcel Breuer）1925 年设计，亚利桑那大学艺术博物馆展品。摄影：Daderot。

器物简洁的线条来自创作者丰富的想象，同时也具有激发欣赏者想象力的特征。当观者或使用者能与创作者想到了一处，也即产生共鸣；甚或超出了创作之意，因为美感是极具个性化特征的。右图中这把普通椅子，椅背线条却富有律动感。读者是听到了音乐的旋律，还是看到了舞蹈的韵味？还是其他？无论哪一种，均是基于直觉的艺术想象，在头脑中创造性地赋予椅子以令人愉快的形象。愉悦的同时，更是活跃了自己的想象力。

图 7-4 椅子。

对于美感而言，器物简洁的线条所具备的一个重要优势，就是排除了干扰因素，让线的动感或力量感一览无余，从而越是简洁，越是灵动，越是灵动，越是激发情感。**不要小看了那些器物审美所启发的动感或禅意，当我们有所感受时，直观领悟能力、创造力和想象能力都得到了锻炼。**

三、立体造型与敏锐判断

简约线条是中国传统艺术的特征,简约精神却并非为东方艺术所独有。将简约的直线与曲线组合,毕加索和布拉克在平面上创造出了强调空间意识的立体效果。

以这样的理念来设计建筑、家具、器皿,形成了 20 世纪早期的捷克立体主义。当时著名设计师的家具和瓷器作品,在现代经授权为布拉格的设计品牌 Modernista 制造,进入了人们的生活:以抽象的线条、形状来传递稚拙之美的霍夫曼家居品;以黑白晶体结构来表达动感之美的雅纳克陶盒;以射线、曲线、折线营造活力的咖啡水具;以点、圆、

图 7-5　20 世纪早期的捷克立体主义陶瓷器皿。

球面结合而充满童趣的斯托卡茶具；以大面积几何图形与纤长弧形扶手相映成趣的哈拉巴拉扶手椅。这些 100 多年前设计的器物作品，不仅没有让人觉得古旧，而且充满英姿勃发、变幻不居之感。

渊源于立体主义的产品，其美感极易获得大众认同，立体派艺术却多少让人感觉荒诞。一方面就是因为简约：去掉细节旁枝，只留下主干，就好比一个四字成语和一大堆白话的区别。另一方面，艺术家意在揭示真实的、原本看不到的现象本质，就使所看到的作品不是那么正常了。比如我们习惯看画中人穿着衣裳，突然看到了骨骼，则往往接受不了。这种视觉艺术的创新，表现性非常强。

表现性，克莱夫·贝尔称之为"有意味的形式"。关注的是形式呈现出意味，即艺术以其自身的形式而富有感染力。如一幅画，打动人的不是对鲜花的描绘栩栩如生，而是线条、颜色、构图等组合成的形式能唤起人的情感。这样，绘画就走向了抽象。

器物的线、形等的组织和构造形式也许就具有了表现性，虽则不一定能称其为"有意味的形式"，但是能唤起观者、使用者的审美情感（aesthetic emotions），让人欣赏良久，若有所思，这就符合贝尔对审美的描述。如果物品的形式已经具备了一定的"意味"，我们怎样才会真正地"看"到呢？那就需要敏锐的判断力。

敏锐的判断力来自于个人长期的体验。人的外形棱角分明时，我们会觉得显年轻，这是经验判断，是看多了、接触多了的缘故。一只纸飞机，小朋友也会知道它尖尖的头能飞得远。上学了，青少年就明白尖端受力面小。因此，久而久之，以简明几何形的堆积与交错所创造出的视觉效果，将与锐意、勃发、青春、力量、生动有趣自然地联系起来。于是当青少年动手摆弄魔方之类的玩具时，其几何体动态表情的偶然性和顽皮感，就会吸引他们去探索。

对于孩子审美能力的培养，器物的优势在于个人体验先行。艺术鉴赏教育往往理论先导，个人体验如果已经接受了既定理论的指引，将消减个性张扬的可能性。比如立体主义艺术，看懂绘画是需要具备理论基础的，因为解构、重组，完全不符合成年人对绘画的视觉经验。实际上这种视觉经验儿童就具有，因此在第六章开头，我们说毕加索的作品与孩子的创作具有一种内在关联。

由此可以看到器物审美所具备的"无心插柳"优势：孩子个人的体验可以从任意角度展开，可以结合任何感觉器官进行，视觉、触觉、听觉、嗅觉，在脑海中汇聚、交流，形成印象，留下记忆，展开联想。欣赏的过程就是练习的过程，如此，孩子依据自己的个体经验，对线条、形状作出判断，从而能更加敏锐地领悟到它们的表现性。

器物在形态上的美，还有对称与不对称、纹饰的重复与中断、均衡布局等方面属于形式法则的内容，一并构成了器物的美感，本书因篇幅不再详述。它们共同为孩子们修炼审美能力提供了这样的条件：让人置身于审美体验的情境之中，将自己的感受和能力综合起来，进行鉴赏判断。

第八章

器物色彩与审美能力

　　意大利画家乔治·莫兰迪不会想到，自己的名字在下一个世纪会随着一部《延禧攻略》于远在东方的中国广为人知。莫兰迪，本书第一章提到过的这个名字，为网络创造了词汇"高级灰"，他画的那些瓶瓶罐罐，成就了如今深受欢迎的器物色彩。实际上，年长于莫兰迪二百多岁的曹雪芹，就在用松花绿、琥珀黄、丁香、藕荷、玫瑰紫、妃色等词汇，既诗意又切近实际地描述古物"高级"的自然色彩了。

　　色彩，最易在人的视觉体验中留下强烈印象。人对色彩天生的敏感性，也使色彩成为培育审美能力的重要因素。

图8-1　家居用品店内商品按色彩分类摆放。

一、自然的色彩抒发审美天性

深谙审美之道的《红楼梦》数次以红绿搭配为美：宝玉取芭蕉之绿、海棠之红为怡红院题"红香绿玉"；贾母让满是绿竹的潇湘馆换上银红色窗纱；莺儿打梅花络用松花（浅黄绿色）配桃红。松花色裤子配大红鞋还是宝玉的家常服颜色，他的正装则是大红色，上有深浅金色百蝶飞舞花间。王熙凤干脆以大红袄配翡翠裙衬托出火辣性格。就连黛玉参加"白雪红梅"诗会，也披上了大红面外套，脚踏红色靴子，束一条闪金蓝绿色腰带。

花红柳绿的服饰何以不俗？这一方面依靠了作者对色彩的敏锐，应该是孕育于印染织造世家：往往用深色，如深色外披、黑色鞋袜，来调和艳丽或娇嫩的颜色；另一方面，那个时代的织物染料来源于植物，所染出来的色彩为倾向于自然的中间色。"接天莲叶无穷碧，映日荷花别样红"，大自然的红配绿，谁能说不美呢？

传统器物的染料取自大自然。

数千年以前，人类就利用植物的色彩来增加织物的美感了。在汉字中，常用颜色红、绿、绛、紫以"纟""糸"为偏旁部首，是织物染色后所呈之彩；蓝则是染料本身。从植物中提取元素也成为其他物品的颜色，如漆器的色彩就源自漆树汁液。

更早的先民使用自然界的矿物为器皿着色。旧石器时代的山顶洞人遗址有为器物上色的赤铁矿，数十万年以前的非洲人穴居地则已拥有矿物颜料和涂料研磨设备。磁铁矿、辰砂、石英等多种矿石为新石器时代的彩陶呈现出红、黑、白纹路；铁、铜等矿物则为后来的陶瓷器皿带来了不同的釉色。

大自然的色彩有着丰富多变的特征。色彩源于光，自然万物因各部位受光有别，又因不同时间光照的强度和角度不同，即便同一个物体，也能让我们看到复杂多变的色彩。花的红、草的绿，仔细看，有深深浅浅不同的红和绿。当树荫投向一丛花草时，原本的红红绿绿泛出了一种蓝意。红可以有不同程度的橙，也可以有不同程度的紫；绿能呈现出不同程度的黄，也会发出不同程度的蓝。

源于大自然的器物色彩呈现出"高级灰"。

来自自然界的染料，颜色最大的特点就是毫不单纯，带有一定的灰度。很单纯的颜色，如果在色环中相距遥远，就会成为对比强烈的互补色。如红色与绿、蓝距离最远，当缺乏灰度时，高纯度、大面积的红配绿、红配蓝会过于鲜艳，而缺乏生活的家常感，缺失性格的沉稳感。

设计使器物呈现出色彩搭配的思想。虽然设计之说是随着工业化生产而出现的，但古代器物的色彩搭配蕴含着工匠的审美理念，因此美观的器物作品就为色彩搭配给出了范例。

图中所示钧窑瓷罐，浅蓝色地子衬托得具有对比度的玫红斑如现代抽象画，洋洋洒洒，抑或是古代工匠不经意的几笔，流淌着生机勃勃的动感。金线不知是有意设计还是为了弥补裂缝，如天空一道闪电，呼应着足部山峦起伏般的暗金色，带来一种意外的视觉冲击，令人浮想联翩。

图 8-2　钧窑瓷罐，金元时期，纽约大都会艺术博物馆收藏。

因各种色彩都带有灰度，整体印象灵动而雅致。

无论古今，色彩都是器物表现美感的一种核心要素。只是古人更多凭借经验，材料又受限，没有太多选择。现代人因科学的发展而拥有更多方法获得色彩，让器物呈现出心目中的美感，这使很多颜色不好看的器物被我们视为"老气"。但滥用科技也一度带来了人与自然关系的紧张，工业染料的制造为各类器物带来了精彩纷呈的颜色，却又令人眼花缭乱，甚或心烦意乱。如今，人们呼唤着一种接近自然色彩的"怀旧"审美情趣。因此，现代器物亦运用自然色彩，中间色、渐变色被大量采用。特别典型的就是家具和装修装饰物直接呈现材料色：深深浅浅的原木，以其温暖的色调营造出温暖舒适的家庭氛围；又或以色彩体现自然纹路，模仿大理石纹、树木年轮纹、水波纹，等等。

器物通过色彩传达了渊源于大自然的美感，记录了人与自然和谐共处的美好愿望，这也是当代人的精神追求。树木和花草、土壤和大地、天空和河水的色彩，让人舒适安定，带给人本能的快乐，对孩子而言，就好比是精神食粮，能抒发他们爱美的天性，培育着他们在生活中审美的态度和能力，同时也启示着色彩运用的方法。

二、天青色的诗意激发审美联想

跨越千年的青瓷，以其源于自然而归于自然的优雅色彩，至今启发着人们的审美联想。

中国瓷器即始于青瓷，只是原始青瓷为黯淡的黄褐色。自魏晋以来，青色真正登场并逐渐唱起了主角。清代《景德镇陶录》引《爱日堂抄》，有"自古陶重青品"之说，并细数历代青瓷颜色的变化：晋之"缥"，有绿的色感。唐之"翠"，让杯中之茶呈绿，这是茶圣陆羽认为越窑青瓷好过邢窑白瓷的原因。晚唐之秘色，配方保密，为青色添加了神秘高贵的意味。五代柴窑就更为神秘了，今人一直未能亲眼得见，传说中的天空之青，是否呈现了淡淡的蓝调？

青究竟是什么颜色？绿还是蓝？马未都老师在《醉文明》《瓷之色》中给出了详细解答：青瓷之青先是绿，是古人心中主观的绿；蓝则在颇具文艺气质的宋朝逐渐登上青瓷的色谱舞台。如果说绿偏向写实，那么蓝则更具有想象的味道。随着青瓷的发展，一方面，绿色更为生机勃勃地绿，如耀州窑；另一方面，宋朝诸窑以粉青、天青、梅子青带上了蓝调。

图 8-3
左：耀州窑青瓷花凤纹提梁壶，北宋。
右：龙泉窑青釉双耳瓶，南宋。纽约大都会艺术博物馆收藏。

色彩的沃土对孩子联想和想象能力的培育是不言而喻的。婴幼儿就对五颜六色有着本能的喜欢，慢慢长大，会随心所欲地展开丰富的联想。成长环境、文化体验影响联想。一般的联想只要有生活经历就会发生，如菜肴的红色令人想到辣，但没有吃过辣椒的幼童则联想不到，所以联想需要有经验作为基础。器物的色彩传达着中国文化，又因数千年社会历史的沉淀而熠熠生辉，因而器物色彩对联想的启示，既与日常生活体验有关，也与对传统文化的学习经历有关。**这些经历和体验使联想丰富起来：**青少年有了诗词学习的基础，又对大自然的美深为感慨，青瓷之美便将激发出丰富的联想与想象。于是对"九秋风露越窑开，夺得千峰翠色来"的描述产生共鸣，也将领悟到"夺"的用词之妙；能品味出釉色的"捩翠融青"，也为"轻旋薄冰"的想象所触动。

三、鲜明的色彩示范美的组织

人们对美的感受自然不会满足于清新、温雅，视觉冲击所带来的激情同样是人的审美需求。鲜明或反差强烈的色彩在器物上所带来的美感，给出了另一种色彩组织的示范。

在颜料不易获取的早期器物中，红与黑二色所造就的漆器可谓色彩飞扬。图8-4（P91）中秦汉时期的彩绘漆鱼纹羽觞杯，杯外通身为黑色，杯里鲜红，一条黑色的鱼游荡于红色地子上。在大片热烈的红色衬托下，小鱼纤长的身形和两条黑色飞舞的长鳍，散发出生动活泼的魅力，而鱼身的黑色既反差强烈又颇具魄力，似乎在提示观者：我就是主角，注入水吧，让我舞动起来。

黄与红以及过渡于其间的棕或土黄的结合也是漆器常见的色彩表达。这些鲜而暖的颜色，在色相环中邻近，能共同烘托出富丽、热烈的观感。图中的明代剔红方盒，通体雕以红漆花纹，露土黄色漆地。整体呈现出橙的色感。绘画时用邻近色能表达出立体效果，而作为一个立体的盒子，视觉效果就翻转过来，同系色彩表达出了光影感，让眼睛感觉在欣赏一幅色彩明丽的画。这就使盒子尽管纹饰十分复杂，但当其被置于房中时，视觉效果仍然是一件方方正正、安安静静的盒子，而不因繁复的花草雕刻而为房间带来杂乱感。同时，颜色的丰富与纹饰的复杂性相应，一眼看不尽，从一个角度看不完。这种经看的器物需要慢慢看、细细品。

图 8-4 左：秦汉鱼纹羽觞杯，湖北省博物馆收藏。右：明代剔红方盒，中国国家博物馆收藏。摄影：Gary Todd。

现代科技进步让人们对色彩的运用得心应手，鲜艳华丽的颜色被用在不同器物上。20 世纪末，纯正的大红瓷器成就了"中国红"。如今的湖南醴陵红瓷，常以金色、白色描绘龙凤、牡丹等图案，或置黑色诗词书法，其绚丽的色彩极富当代民族特色。

器物对色彩的出色运用，带来了关于色彩之美、色彩组织搭配的启示：

红与黑反差强烈，是具有视觉冲击力的配色。黑色在与彩色同时出现时，能使彩色更加鲜艳，因此在羽觞杯的例子中，黑色衬托出了红色的鲜艳,将小鱼置身于一个富有活力的场景。秦汉时红与黑的简单漆器色彩搭配,与当时漆色选择有限有关,但其历久弥新的特色则给予我们关于色彩的启迪。

黑色本身也具有独特的美,它能吸收一切颜色的光,因此黑色服装是显瘦法宝。黑T恤、小黑裙,是年轻人扮酷扮靓的衣橱必备。同时,黑色在视觉上很有重量感,大面积的黑给人肃穆庄严的印象,可以塑造出干练有魄力的形象。黑色的职业装让人显得稳重,但容易造成人际疏离感,也使个人形象暗淡,点缀以红黄蓝等鲜明色彩的内衬、领带丝巾等,将兼备亲近感和活力。

当采用鲜艳的彩色时,适当运用邻近色能产生整体的协调感,同时创造丰富而不杂乱的视觉效果。对于器物,还需要考虑其实际用途和置放场景,剔红方盒即有对此的表现:如果外观使其不再成为一个盒子,如果它只能单独看着美而不能与房间协调,那么就不能称其为一件美的器物。

四、五彩纷呈的故事性唤起探索灵感

红搭配对比度大的黑,或搭配邻近的黄,都以种类精简的色彩达到了具有冲击力的视觉效果,珐琅器色彩繁多,怎样达成多色和谐共处呢?珐琅器,有人觉得流光溢彩,也有人觉得老气横秋,还有人觉得花里胡哨,孩子们可能还没来得及了解这是一种什么样的器,为什么又叫景泰蓝,就掉头想逃。其实,两三种颜色容易搭配,数种颜色堆在一起,真是需要功底。珐琅器也有不少仅在配色上就充满情趣的作品,即便在被今人嘲笑"农家乐"审美的乾隆那阵儿。比如图8-5(P93)这件掐丝珐琅动物纹豆。

形制上仿古代"豆"的这件珐琅器,并没有给人以青铜器的威严感。

图 8-5 掐丝珐琅动物纹豆，清代，台北故宫博物院收藏。

当你第一眼看去，浅蓝的整体颜色与金黄色轮廓线便带来了适度的视觉冲击力，却又不失舒适平衡感，好像它既有气势又安静温和。

蓝与黄的经典配色即现在常用的海洋、天空与沙滩的颜色——它们在色相环上相距较远，却又没有像红与绿、蓝与橙那样遥远到互为补色的地步，也就是吸睛却并不耀眼。占据最大面积的浅蓝色具有灰度，就是前面说的高级灰，使整体色彩没有那么明亮单纯。由于颜色在明亮程度上趋于一致，视觉第一印象十分协调。

鸟、狗、羊、牛、虎、猴、兔、鹿、象，甚至还有山鬼、孙悟空，也许有人第一眼看到的就是这些形象，因为各形象以红、蓝、黄、橙各种彩色色块，以及无彩之白，与较浅的花色地子形成对比——提亮出了色泽，却又适可而止地限定在较小面积内，也具有一定的灰度，毫无张扬之意。醒目的金色均有节制地以条带形式出现，也使视觉更为舒适。至于镀金纯色，则被收敛于器内了。

金色盖与底的线圈、器身的圆周、把手的圆环，相互呼应着，与有规律重现的彩色图案一起，将起着强调作用的色彩延伸到器身各处，观者的视线便随其转移，进一步细看。

原来，像藤蔓一样让牛羊猴、孙悟空们置身于丛林的，是掐丝卷须纹。卷须纹密集的黄色，在浅蓝器身上犹如绘画中的"点彩"，视觉中蓝与黄混合，呈现出一些绿意。

眼睛也是吸睛的元素，可能在动物与人物被注意到之后，就立即映入眼帘了。这一双双眼睛在简单平和的配色中，露出了快乐的感觉。它们是在享受自己的"丛林"生活呢，还是在朝你微笑？

五彩纷呈的器物色彩，其复杂性与规律性的统一带来了独特的叙事特征。色彩这时不仅仅在吸引人的视线，更吸引人去探究，动物、人物的叙事特征更是对孩子具有吸引力。而色彩并不夺目，又将这种吸引平静、温和下来，就像是讲故事的人微笑着向孩子招手，却并不跳起来大声呼唤孩子那样，需要孩子自己去开启想象。比如红色猴子就抬起了一条腿准备走，面前的蓝色动物究竟是在和猴子讲话呢，还是要发动攻击？色彩缓缓释放出的故事性效果很能活跃孩子的大脑皮层，让他们去自由发挥。

  五彩纷呈的色彩表现，还为父母们带来关于生活美学的提示：在欣赏美时关注色彩的丰富性，在创造美时运用色彩的多样性，彩色的使用面积大小对整体效果的影响也需要得到注重。在珐琅器的例子中有适度鲜艳色的运用，如金黄色。如果在生活用品中运用这种闪闪发光的色彩，就同样需要在注重呼应的同时，避免过量、过于热闹。如在餐桌上使用金色的汤勺、筷枕、凉碟等，能起到很好的点缀作用，但一桌子的金光则不免艳俗，需要避免将日常饮食置于过度华丽隆重的氛围之中。

  伊达千代在《色彩设计的原理》中所提倡的配色训练，是看作品，思考为什么这么配色，这样能唤起什么样的印象。[①] 配色训练并非普通人所必需，但是孩子通过欣赏器物那精心设置、风格不一的色彩，唤起心中的审美情感，在美的享受中能力得到提高，则于身心健康大有裨益。

---

① 伊达千代. 色彩设计的原理 [M]. 悦知文化，译. 北京：中信出版社，2011：133.

第九章
中国器物的美感特色与历史地位

中国传统器物在作为美育载体时是独具特色的，可以说独具优势，具有引起视觉、触觉、听觉、味觉综合感知效应的特点，吸收其灵感的现代器物同样具有如此特征。而如第三章中所提到的，孩子们在审美中具有视觉型和触觉型两种不同倾向。如此，处于从视觉型到触觉型两端之间任意位置的欣赏者，都能在与器物的互动中获得各自的审美享受。同时，各种感知觉的交融，就是在帮助孩子提升自己的审美能力。

图 9-1 青花瓷乐器，2010 年上海世博会江西馆展品。摄影：Gary Todd。

关于中国传统器物的历史地位，孩子们在文史课本中都已有了解，我们还可以从美感的角度来领略其独特风格。

一、生活物品的实用美观

2022 年，一场历时九个多月的"奇幻高定"时装展在美国荣勋宫博物馆举行，展出的是中国设计师郭培 20 年以来的 80 多件作品。因作品的丰富文化内涵和精湛技艺，荣勋宫博物馆赞道："象征着中国在 21 世纪初成为时尚界的领导者。"这是不是预示着西方社会将又一次迎来中国风？中国风（chinoiserie）与中国风格（style）在中文里仅一字之差，却是一个专有词汇，指的是曾在 17 至 18 世纪盛行于西方，模仿或诠释中国及其他东亚地区传统艺术的风潮，于 19 至 20 世纪再度兴起。

中国风缘起于商贸将东方器物带入欧洲，首先要数中国瓷器。至今，在色彩上，青花瓷简直成了中国风的民间代名词；在器型上，将军罐，即在第二章中提到过的龙骑兵花瓶，则受到特别的青睐，只不过已忘记了将军罐、龙骑兵花瓶这样的名字，就叫作带盖花瓶。将军罐得名于形似将军盔帽的顶盖，身材高大到可展示出非常复杂的风景或故事。小器型作为更加日用的现代版本，随处可见于西方国家的家庭和商店，没有了中国传统戏曲或神话的复杂题材，但颇具东方情调。买回家中既可储物，又十分养眼。

中国（China）是瓷（china）之国，英语世界的这个称呼，印证了西方对中国最深的印象。初中历史课本就告诉我们了：中国人早在商朝便生产出了青瓷，唐代时，精美的瓷器开始远销海外，主要是亚洲各国。因此，后来销售到欧洲的亚洲器物很多带有中国的风格。

而在欧洲，直到与清朝同期，人们用来吃饭的器皿还是陶器和锡镴，

图 9-2 瓷器柜，陈列着电影《泰坦尼克号》头等舱的瓷器复制品。美国 Pontiac 博物馆收藏。

有钱人则使用银器，都不如瓷器那么细腻光泽、富有美丽的纹饰图案，而且普通人也用得起。当中国瓷器远渡重洋来到欧洲时，贵族们竞相购买，除了用于餐饮，更多的是装点门面，以及进行收藏。直到今天，西方不少家庭还保留了名为"瓷器柜（china cabinet）"的置物柜，尽管置放的可能不全是瓷器。

中国器物这种集实用性与艺术性于一体、集规模生产与个性于一身的特征，使普通人的日用物品具备了美感，这对于当时的西方世界来说是非常新颖的。

二、悠久文明的神秘独特

古朴二字是对一种美感的形容，为何古与朴为美呢？古代表着悠久的历史。人对时间上接近源头的东西总是很感兴趣的，就像人爱儿童那样，不仅是想起了自己童年时代的稚拙天真，也因眼前的儿童那么纯洁自然，这就是返璞归真。作为文明古国，中国漫长的文明史为我们留下了相当多古老的器物。那些褪色的衣物、粗犷的陶器、动物纹的青铜器、原始的货币、生锈的农具，有的依循着原料的质和形，加工痕迹不深；有的则精雕细琢，又因手工打造而形态各异。它们就这样从数千年、数百年以前，带着历史的故事缓缓向你走来，让人感觉朴实而又凝重，遥远而又亲切。

时空距离催生出强烈的神秘感。器物发展到今天已在形和质上发生了很大的变化，现代人生活中很少见到古器，无论是其形态、装饰还是功能，都令人好奇：那些纹路是纯粹的线条，还是代表了动物？半坡陶壶为什么做成尖底？而对西方人而言，时间的距离叠加了地域文明的差异，更加像谜一样吸引人。神秘感丰富了人的感受，引人去猜。无怪乎说审美是思维、感觉、想象们在做游戏。

先发文明所流传下来的器物具有与优美迥异的崇高感。当我们看到饰有面目狰狞怪兽的古器时，会立即受到震撼，甚至，其惊心动魄让人心头一紧，耳边还会莫名地响起一阵浑厚的音乐，忍不住再细细品味。尤其"饕餮"，《吕氏春秋》说"食人未咽"而把自己害得没有了身体的家伙，既吓人，又让人想去一探究竟。这个传说性质的说法，正糅合了古文明的政治权威色彩，将恐怖感、奇特感、神秘感作为特有的调料，投入了原有材料饕餮纹，在漫长的历史长河中缓缓酿造。"饕餮大餐"还只是小食，一坛浓郁的谜之美酒才是盛宴，吸引着一代又一代

图9-3 饕餮纹面具，西周，美国圣路易斯艺术博物馆收藏。

中外研究者们探索和争鸣：只是纯粹装饰呢，还是有什么象征意义？是展开了一个动物的两个侧面呢，还是两个动物侧面发展成了"次要面孔"？是古代工匠们创造性的发挥呢，还是统治者们意在震慑百姓？是古代巫师拿来沟通人神呢，还是用以驱邪去魅？从张光直先生的分析可以看到[①]，中国古文明所留下的遗产是多么具有跨越时空的魅力，为今天的美学和美本身，贡献了一支无法复制的独特力量。

三、以精美工艺记录文化发展

许多精美的中国古代器物与祭祀有关，为器物打上了敬畏的印记，而其所传达的恐怖感，也与器物通过墓葬保存有关。器物一词常与考古学关联，中国传统的器物学也正对应西方的考古学。过去的皇室贵族以

---

① 张光直. 美术、神话与祭祀 [M]. 郭净，译. 北京：生活·读书·新知三联书店，2013：50-63.

大量财力为自己建造墓穴，无意中为今人保留且保存了大量宝贵文物，往往是考察古代社会文化的重要证据。如张光直先生的《美术、神话与祭祀》一书，就以文物为重要论据阐述中国文明的起源及特征，挑战了西方学者对中国古文明的研究。四羊方尊、金缕玉衣、秦陵兵马俑、汉墓服饰……过去的社会和古人审美特点在这些器物中可窥见一斑。

记录历史的器物，随着社会发展而与文化互动。这一方面为器物的美注入了丰富内涵，另一方面因其变动的形式而增添了推陈出新的魅力。古器纹饰和形态的美，达成这种美的工艺，以及背后的社会制度和文化背景，引起了无数人的好奇和向往。商朝青铜器就引起了海外学者的极大关注，掀起过艺术研究热潮。如在1950年代，德国学者罗越（Max Loehr）根据器型对青铜器进行分类，探讨其演变逻辑，将青铜器纹饰的主题风格划分为五个时期，这在后来的考古中得到了证实。

古代器物吸引学界探索的一个显著特征是几何纹饰，中国和其他先发文明地区的器物都有这个特征，引起了全球学者的兴趣。可以说，在人类猜测了几千年之后，至今仍是一个

图 9-4　漆绘镶宝石敦，宋代或之后，旧金山亚洲艺术博物馆展品。
大面积三角形上下相对成为矩形，绿松石和银丝的镶嵌华美无比。漆绘使这件青铜器呈现出独有的风格，漆文化与青铜文化共同演绎出美的篇章。摄影：Daderot。

尚无定论却有诸多深层思考和研究之谜：为何原始人类就会绘制这么抽象的纹饰了？是为了表达美吗？与波浪、太阳、动植物等自然形象有关系吗？

　　在众说纷纭中，一类观点为：这是远古人类能力较弱的表现。如黑格尔在《美学》中认为，初始阶段的人类心里有很多含糊的想法，没法用形象表达出来，所以就不假思索画出了"抽象"①，类似于小孩子画线画圈的意思。沃林格则说：原始人因为对生存环境深感恐惧，只想逃离，所以画出来的图纹远离真实生命，为纯几何。② 另一类观点则与此恰恰相反。在贡布里希眼中，运用直线和几何形状来进行制作，能创造出简单的结构，这体现出古人的理性：知道怎么做东西才便捷。③ 欧文·琼斯则认为，几何思维是古人编织衣物、用具时进行创造的结果④，看一眼现在的竹篾席就明白他的观点了。中国学者宗白华先生的观点倾向于后一类，他认为，抽象线条所表达的恰恰就是宇宙万物内在的生命。

四、以书画纹饰展现生命韵律

　　展开宗白华先生的观点，我们会发现，中国书画美学、传统造型艺

---

　　① 黑格尔．美学（第一卷）[M]．朱光潜，译．北京：商务印书馆，1996：95-96.

　　② 威廉·沃林格．抽象与移情——对艺术风格的心理学研究[M]．王才勇，译．北京：金城出版社，2010：16.

　　③ E.H.贡布里希．秩序感——装饰艺术的心理学研究[M]．范景中，杨思梁，徐一维，译．南宁：广西美术出版社，2014：8.

　　④ 欧文·琼斯．装饰的法则[M]．张心童，译．杭州：浙江人民美术出版社，2018：15.

术就渊源于传统器物。[①]

先说国画，其特点是以"骨法用笔"来揭示所描绘对象的内在生命力。形线、用色都那么简约，甚至不为脸部设置立体，不为花朵添加五彩，不为山河渲染背景，却能让人物眉目传情、衣袂飘飘，让风景气势磅礴、云蒸霞蔚。这样的特征便根植于商周青铜礼器，其上各种形象以抽象的动态线纹而出现，象征着宇宙生命节奏。再说汉字，为何成就了书法艺术，而不仅仅是语言的书面表达？宗白华先生揭示了其原因：一是汉字始于象形文字，在源头上就是形象化的；二是使用毛笔的缘故。[②]

可以说，中国文字就源于原始的画，反过来，书法又为国画的神韵奠定了基础。书与画共同运用毛笔描述万千世界、表达丰富情感，造就了最具典型意义的中国传统造型艺术。

书画美学滥觞于器物，器物又复以书画纹饰来传承传统美学，这样的相辅相成恐怕也只能出现于汉文化了：小到饮食器皿、文化用品、衣物，大到房屋、园林，诗情画意就穿梭于日常的不经意之中。

图3-6（P38）所示曼生铭提梁紫砂壶，在造型之外，书画亦值得称道。壶身一面是陈曼生书法镌刻"**煮白石泛绿云，一瓢细酌邀桐君**"，另一面则是一块奇石刻绘。我们欣赏此壶，在赞叹书法的潇洒峻拔之时，"煮白石"之仙风，"泛绿云"之灵秀，"邀桐君"之清雅仿佛循墨香、茶香而来。

古代的青铜器铭文拙朴又圆润，象形而抽象，布局考究，你能说它们只具有记录的实用功能吗？扇面书画则从古代流行到现代，如此文雅的扇子，既是友人互赠，以诗与画表达情谊的载体，又是个人收藏，体

[①] 宗白华. 美学漫步[M]. 上海：上海人民出版社，2005：216-217.
[②] 宗白华. 美学漫步[M]. 上海：上海人民出版社，2005：289-329.

图 9-5　观瀑扇面图，明代，唐寅，纽约大都会艺术博物馆收藏。山上观景亭，亭中观瀑人，此等意境，今人见之亦神往。

验生活美学的佳品。

　　汉字本身具有图像化的特点，而汉语中的四字成语，五言、七言律诗，皆意蕴深长而美观雅致，更为器物平添了韵味。以汉字形美为基础，还形成了印章这一独特的文化器物，印章篆刻则是又一项传统工艺美术。在本书第一章图 1-3《竹禽图》（P11）上，就可以看到宋徽宗签押和方印、元至近代多枚鉴藏印，以及数处诗文题跋。原始图卷留白颇多，后来的收藏者欣赏时有感而发，在空白处留下印记。一代又一代人的印章和文字为画作加入了故事性与动态性，让画面不再静止，而形成历史长河中流淌着的艺术鉴赏之美。第二章还引用过一个印章的乌龙故事，故事中迷乱了人们视线的，是收藏中极为重要的名人效应。

　　皇家、名家，常常成为影响收藏价值的关键，但美并不局限于此，长沙窑瓷器上的字画，描绘的就多为民间生活的烟火气息，展现出老百姓的生活情趣。

五、以生活情趣注入灵动之美

长沙铜官窑的瓷器有着独特的釉下彩、刻花、镂刻、划花等工艺，更具特色的是，瓷器上的诗是民间的诗，直白而情真意切，字是无章法的民间书法，随风而舞，率真洒脱。萧湘所编著的《人间唐诗——长沙窑上的人世烟火》收集了 80 多首诗，从该书名便可知诗的特色。"黑石号"沉船的长沙窑褐彩诗文碗，圆与方的形、流淌不整的色彩过渡，都给人以生活的亲切生动感。诗中以孤雁、寒风描述女子思夫之情，极易引人共情。文字在颜色上呼应碗边的半月形褐彩，仿佛茶汤的色泽。诗义朴实而有情，字形清晰而柔美，正是女子那一番带有茶之苦味和回甘的相思之情。

悠悠情思的苦趣，开怀大笑的爽趣，都是民间日常生活中的趣。情趣、妙趣、意趣、野趣、旨趣、趣旨、趣味，中国人的审美离不开这个独特的趣字。要说审的是美，那么品的即为趣。中国人崇尚在生活中寻找和发现趣。喝酒品茶、室内外布置，追求用具及搭配的意味之趣，园林建造讲究取景、造景、借景的构思之趣。趣对于器物使用

图 9-6 青花泛舟人物纹盘，明代，法国吉美国立亚洲艺术博物馆收藏。摄影：氏子。
富有生活情趣的泛舟情境凝结在这张青花瓷盘上，流传了数百年。

者而言是生活智慧，如文震亨在《长物志》中推崇简约家居，认为其具有"高雅绝俗之趣"；对于制作者而言则是艺术追求，因而陶艺大师顾景舟谈紫砂陶艺鉴赏时说作品"在乎有趣"。

凭借器物，古人还试图将生活中的趣延伸到生后。在商周时期，虽然青铜器以敬畏感著称，但人们佩戴、把玩的玉器却充满生活情趣。妇好墓便是例证，出土玉器以饰品居多，生动形象的动物、龙凤形雕琢，供人生前生后玩味。东汉击鼓说唱俑的幽默风趣为中学历史课本所描述，因此我们都熟悉这个说唱逗笑的传神形象。

器物的动物造型在魏晋时期掀起了高潮。活跃于艺术舞台的世家文人，由于使用、鉴赏和收藏大量艺术性器物，他们追求生活情趣的结果之一，就是日用器出现众多的动物造型，如盛行一时的鸡首壶，蛙、

图 9-7 东晋越窑青瓷鸡首壶，纽约大都会艺术博物馆收藏。

蟾、龟形水丞，鸟形熏炉。动物器型的吉祥寓意对时局动荡的回应，也是一个民间因素。

器物审美之趣为历代文人所推崇。文人一方面追求文趣，在文房器物上题诗刻画，对书画与器物的亲缘关系运用得妙趣横生；另一方面又追求野趣，将山水浓缩到室内。打造砚池为一方水景，添蛙、龟、水草等形象，塑山形的笔架、镇纸，更凿石为有山有水的砚山，有着将当下生活融汇于山野的情调。

悠久的历史孕育了灿烂的文化，在教育界注重青少年美育的当下，将传统器物的相关知识纳入教育系统，可以说正当其时。但欣赏器物之美不仅需要知识，还需要感悟美的心灵，掌握知识远不能替代对器物的观察和揣摩。此外，中国传统器物并非孤立的存在，它从来就置身于广阔的时空之中，在时间的流淌中、空间的交融中发展着、变化着，让我们在下一章将审美的视线投向"国际交流"。

第十章
器物审美与中西文化交流

曾有关于中国人的一个爱情故事，在中国鲜为人知，在英国却家喻户晓，并广为流传于西方社会。我们也与孩子一起来看图听故事吧——

图 10-1　蓝柳纹盘，当代商品。比较一下图 9-6（P105），可以看出中西青花瓷器的不同情趣。

一位美丽的富家千金与父亲的文书相爱，父亲却要将她嫁给富商，于是年轻情侣被迫私奔，最终殉情。神将他们化为一对鸽子，比翼双飞于柳树枝头。18世纪末到19世纪上半叶，这个凄美的爱情故事被印制在英国的蓝柳纹瓷盘上，装点着人们的餐桌。为什么故事的主人公是中国情侣呢？因为正是清朝外销青花瓷器上的山水画，以充满异国情调的河边垂柳、小桥流水、天空飞鸟、一叶扁舟，启发了英国陶艺师，创作出盛行于西方瓷器世界的蓝柳纹图案（Willow Pattern）。这个与梁祝化蝶类似，又与罗密欧朱丽叶不无相仿的爱情悲剧，在创作源头上究竟是汲取了中国文化，还是衍生于西方文学？这引起了中外学者旷日持久的争论，但有一点是能达成共识的：蓝柳纹及其诉说的爱情故事，记录着中西文化的交流，见证着人类审美情感的共通。

一、器物商贸中的文化交流之美

近代的中西文化交流，就在上一章所说的"中国风"中展开、发展和深入。对于当时的欧洲来说，各类东方器物都"洋气"得很，贵重得很，因此东方情调首先渗入了宫廷的审美和艺术，融进了18世纪兴起的洛可可风格。繁复精致、舞动有韵的东方纹饰，与当时西方贵族崇尚的奢华高贵、浪漫娱乐风格不期而遇。凸显着创作者审美情调和想象力的东方艺术风格，伴随着器物上所绘制、雕刻的中国园林山水、动物神兽、神话故事、翩跹仕女，为西方设计师带来了全新的视野。

彼时，西方上流社会的女性与朋友聚于家中，以精致的杯盘碗碟盛放上等的茶和点心，畅谈文学、艺术，彰显自己的优雅和品味，充满仪式感的下午茶盛行开来。人们谈论的内容今日不得而知，但爱情历来是雅俗共赏的话题，那个蓝柳纹盘上的爱情故事，应该触动过不少人的遐思。

中国风带来的文化交流当然不仅仅在于瓷器。中国园林的小径通幽、池鱼游戏、开窗借景、假山构筑，以打破规则的自然随意形式深深感染了欧洲人。讲究对称均衡、比例协调、整齐划一的西方古典园林建造观受到强烈冲击，亭台楼阁、木雕彩绘、曲桥奇石被运用到园林中。中国亭在18世纪的英国用于欣赏水景和垂钓，如今西方在家居房屋、公共建筑中，建造通透别致的亭已是十分普遍的事情。

宝塔堪称中西文化交流的典例。1761年在英国所建造的邱园宝塔被英国建筑史学家称为"中国风的最高典范"。设计者是曾三次远航到中国的建筑师威廉·钱伯斯（William Chambers）。邱园宝塔以南京琉璃塔等中国宝塔为学习对象，每层檐角置龙，共80条，以偶数的十层来符合西方习惯。宝塔至今矗立于伦敦皇家

图10-2 邱园宝塔，摄影：Mx. Granger。

植物园，显示了中西文化的结合。其实论其源起，宝塔最初也是随佛教由印度传入中国的。

随着社会文明的进步、生产与商业的繁荣，器物兼具实用和审美的特征不再局限于上流社会，而扩展至中低产阶层。此时中国风吹遍了千家万户，他们模仿与改造东方器物，并在此基础上发展与创新。如最初奢华的中国墙纸，由于印刷术的推广而成为平民家庭的室内装修选择。

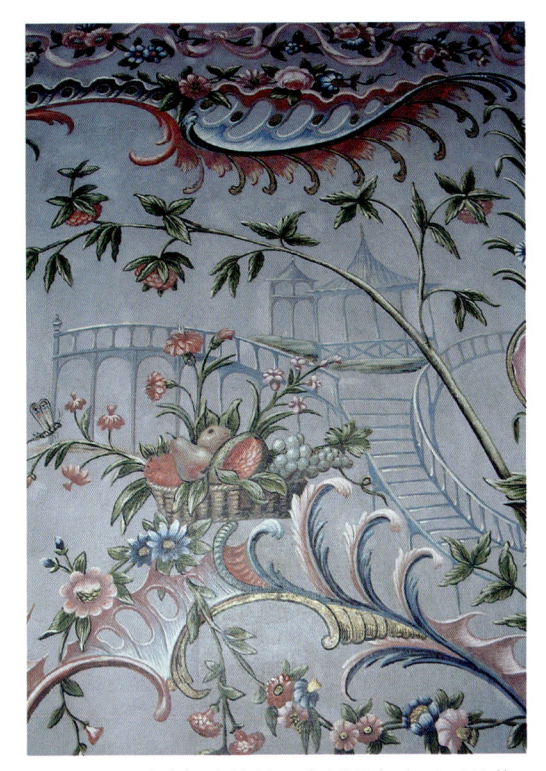

图 10-3　手绘帆布墙纸，中国风与洛可可风格，约 1765 年，吉尔文克－欣洛彭故居博物馆收藏。摄影：Taco Tichelaar。

新奇的异国情调融入了西方人的日常起居和饮食，那些图案、色彩、花纹轻轻诉说着遥远东方的生活、爱情、传说、习俗，神秘而浪漫，好一种审美享受！融合了东西方文化的杯盘碗盏、居室房屋因之而拥有了生命，仿佛能开口讲故事了。这必然为人类器物的生产发展注入魅力与活力。

器物记录了文化交流的历史，文化交流则反过来推动器物发展。欧洲人有着不同于东方人的生活方式，这种差异要求着中国器物在生产中进行创新。如来单定制的形式，促使中国制造业生产了欧洲人惯用器型。

不过，在中西文化的交流与碰撞中获益更多的还是西方器物。这一方面是由于西方的技术进步，但更重要的是，外部市场竞争和内部现代商业经营理念，为器物的设计、制造带来了灵感。在这个过程中，外形、色彩和纹饰成为符号化了的文化，让原本静态的器物情调化、故事化，让器物在使用中充满了情感的交流与共鸣。

现在的西方器物，有不少渗透着中国艺术元素的例子。仔细玩味现代器物，它们正在向我们叙述着中西文化的交流历史、多元文化在冲击中的创新，为我们今天欣赏不同来源的器物提供了必要的信息和线索。

二、中国器物的文化包容之美

前文说瓷器，谈的是中国文化对西方的影响，其实，瓷器的发展本身也印记着中西文化的交流，如久负盛名的青花瓷。青花瓷滥觞于唐宋，成熟于元朝。《马未都说收藏》中谈到元青花的出现及特征[1]，认为元青花蓝纹白底的色彩、器型硕大、纹饰生活化，都与游牧民族的生活方式及性格特色有关。蒙古西征中亚、西亚，打通了中西文化的交通要道，于是汉农耕文化与游牧文化、西域波斯文化交流，开出了繁复蓝纹的元青花这一奇异仙葩。这大概也是西方人特别喜爱青花瓷的一个原因。直到现在，青花瓷依然继续履行着文化交流"大使"的使命。

元代的家具也在这样的文化交流中发展出独特风格：题材以自然界动植物为主，常采用强调立体感的高浮雕，豪放舒卷，不同于唐时的华丽和宋时的清雅，无不在原有中国传统家具的基础上，添加了游牧民族的审美情调和生活气息。

---

[1] 马未都. 马未都说收藏：陶瓷篇（上）[M]. 北京：中华书局，2008：278-308.

说到家具，坐具的发展与文化交流有莫大关系。中国先人一直席地而坐，即在地上铺"席"作为坐具。春秋战国时期出现兼作坐具与卧具的床，人们的起居以床为中心，坐具低矮，此形式一直延伸到汉朝。根据敦煌莫高窟壁画和考古发现，东汉时期才出现了最早的椅子，造型和纹饰为西方希腊风格。这种高足坐具被《后汉书》称为胡床、胡坐。在《韩熙载夜宴图》中，五代两宋时期的坐具既有罗汉床，又有靠背椅，记录下了唐宋时期坐具的过渡特征。

图 10-4　摹韩熙载夜宴图（首段听乐）。现藏于故宫博物院。此图为宋代画家仿顾闳中作品，翻拍自《中国历代绘画：故宫博物院藏画集》。PD-US。

石刻狮子古往今来为镇宅、镇墓的常见辟邪器，狮子却并不生活在中原大地。狮子形象在传统造型艺术中的采用，与古代的中西交往有关，其标志性事件为张骞出使西域，由此，伴随着广泛文化交流的物资贸易正式开始。汉代民间传说中的神兽辟邪，融合了狮子和本土的虎豹等猛兽形象，一些还添加了羽翼纹饰，可以追溯到古埃及传说中的斯芬克斯。六朝瓷器、青铜器、玉器常采用辟邪的形象，后来为南京专门保留，成为今天的市标。狮子以其凶猛而威震动物界，也因佛教的推崇而具备了神圣的象征意义，文殊菩萨就以狮为坐骑。因此，文房用品、家居用品上所装饰的狮形象也有佛教文化的印记。

佛教文化的传播体现了中原与印度文化的交流，这在前文谈宝塔时已提及。佛教菩萨形象在文化交流中发展出了独有的"汉化"特征：凡人的表情和形态。大肚能容、开口便笑的弥勒佛像，慈眉善目的女相观音菩萨像，不仅在寺庙供奉，也成为日用器物的装饰，菩萨就这样承载着宽容、和谐、吉祥、超脱等中国传统的宗教精神，贴近着人们的日常生活。

图 10-5 翡翠观音坠饰。

具有喜庆色彩的"吉祥如意"，寄托了中国人的生活态度，也代表着流传广泛、久远的传统社会文化诉求，所附之物即为如意。如意取材于木、玉、金属等，有长柄与端头，可用于后背挠痒。如意的外形云展流曲，其中的名贵者成为皇室贵族权力的象征，精美者作为高雅的服饰或陈设饰品，朴实者则是谈经诵佛的佛器。这样一种兼具宗教与世俗价值的器物，其与佛教文化有趣的关系史，为中外学者留下了至今未解开之谜：是来自印度的佛教赋予如意以吉祥物的特征，还是中国文化附着在佛教信徒手中的器物上？美国汉学家柯嘉豪（John Kieschnick）在研究了大量资料之后，发现如意既有象征性又有实用性的特征，令西方汉学家甚至中国人自己都大为不解，它的象征史一直在发展中"接受创新"。① 这也是很多融合了外来文化的中国器物独具情趣的重要原因吧。

三、中国传统器物对西方文艺发展的贡献

中国不仅是瓷之国，还是著名的丝之国，丝绸之路的得名就出自向中亚、西亚、欧洲运送大量丝绸。当丝绸来到欧洲时，其丝滑的触感、光彩的观感，引起了西方贵族和学界的高度兴趣，但人们完全不知丝绸与桑、蚕的关系，后来拜占庭皇帝派人赴中国学习（一说走私蚕），才有了历史上著名的拜占庭丝绸，丝绸生产技术于是来到了欧洲。

湖南省博物馆于 2018 年策划了一场《在最遥远的地方寻找故乡》跨文化展，从中我们可以看到：1525 年的西方科学著作《自然史》以为"丝生于树叶上"；在庞贝古城壁画《花神芙罗拉》中，女子身披轻盈的丝绸；在意大利国家美术馆藏的《圣母加冕》中，重要人物均着丝绸服装。这些都佐证着古代中国物质文化随器物而在西方的传播。

从蚕丝的制造衍生出原始的造纸术，发展成熟后传入欧洲，与之相应的印刷术也在中世纪流传于中东和欧洲。李中华所著《中国文化通义》（北京：世界图书出版有限公司北京分公司）一书详细论述了纸张

---

① 柯嘉豪. 佛教对中国物质文化的影响[M]. 赵悠，陈瑞峰，董浩晖，宋京，杨增，译. 上海：中西书局，2015：133-151.

图 10-6 手绘丝绸团扇，现代日用品，在西方人眼中富含中国艺术元素。

与印刷术、火药、指南针的发明对西方的影响。据联合国教科文组织"丝绸之路项目"记载，欧洲于 15 世纪发明印刷机，可能受到了中国技术的启发。可见，沿丝绸之路流动的不仅有商业物资，还有思想和技术，其中的重要人物，不仅有商人，更有宗教信徒：由于大乘佛教高度重视文本，大为促进了雕版印刷术在西方的传播。

纸与印刷术对西方文化影响深远。欧洲文艺复兴源起于找回古希腊文化，即鼎盛时期的哲学和科学著作。复兴文化的工作，既有中东地区穆斯林的翻译、注释和保留，又有欧洲中世纪大学基于此的抄录、教学和研究。早期，欧洲的文字记录和传播靠的是手工抄写在昂贵的羊皮纸上。大量资料需要抄录，成为教堂僧侣们日复一日的工作，因此中世纪大学多演变自教堂，早期的学者就是抄录资料的僧侣。纸与印刷的出现无疑大为加速了知识的保留、传播的过程，助力于后世瞩目的意大利文学艺术革新，以及17世纪科学革命的发生，二者为西方艺术、美学的现代化奠定了坚实基础。

印有文字的纸如此纤薄，却成了推动全人类文明进步的大器。附着了文化和技术的大器向西的传播带来了如此影响，向东也毫不逊色，其中的代表，是书籍传往日本引来的蝴蝶效应。

通过纸与印刷所制作的大量书籍，在东亚贸易往来中引起了日本人的极大兴趣。尤其在江户时代，日本外贸对象仅限于中荷两国，此间，对中国书籍的大量需求刺激了印刷业在日本的发展，为17世纪浮世绘版画源起与发展奠定了重要的技术基础。而浮世绘的艺术形式虽为日本艺术家所开创，却不能忽视中国文化的贡献，如唐宋以来版画的构图方法、明清时期民间年画的色彩美感。

浮世绘伴随着贸易来到欧洲，成为西方绘画艺术革新的一支重要东方力量。因印刷而带来的低廉价格，浮世绘戏剧性地被印在包装纸上。当印象派画家们展开那些包裹着瓷器等物品的包装纸时，他们被新颖的构图、鲜明的色彩、激烈的情感所折服。东方思潮就以如此出其不意的形式，激发了艺术家的创作灵感，冲击着西方文化，共同迎来了新的艺术阶段。如今，我们仍能从梵高《盛开的杏树》中看到浮世绘那明媚鲜艳的色彩，从莫奈画作中的日本桥感受到他对东方艺术的喜爱。

直到现在，西方人眼中的东方艺术仍主要来自日本而非中国，但我们又总能在西方人认同的日本艺术中觉察到熟悉的中国味道，包括吴冠中在内的很多艺术家都讨论过印象派与中国艺术的关系。这大体是由于日本艺术在西方的传播，将中国文化带到了西方。欧洲人上世纪到日本旅行，将中国彩印带回欧洲，才发现版画的中国渊源。可见，传播是中国古文明是否沉默的关键因素，正如本书第一章中所提出的观点。

人类文化的地域性贡献了地域特色，造就了文化多元性。创新则正是基于多元文化的交流碰撞、相互学习和超越。器物在当代社会所呈现出的美，蕴含着历史文化的启迪，融汇着不同地域的生活哲学。欣赏者的审美联想往往得益于对相关文化背景的理解，但反过来，也正是器物所承载的文化交流印记，将原本枯燥的理论知识、复杂的信息以直观多彩的形式展开，为当代美育提供了一种趣味性、故事性的途径。

而作为家长的我们，如果熟悉中国传统器物的美感特点，了解文化交流所推动的中西器物发展，那么就会在下述情境中胸有成竹：在与孩子一起旅游、参观博物馆时；在孩子对于新出现的生活物品感到新奇却又疑惑时；在孩子诧异国画与油画有多么不一样的美时；在孩子步入青少年阶段，对于本土化与国际化、时尚与复古的关系感到困惑时。

第十一章

器物审美与积极心理成长

在凤凰镇街头,他被那些手艺人的活儿深深吸引住了:针铺老人磨针,伞铺学徒制伞,靴店师傅用夹板上鞋;染坊有伙计踩石碾摇荡的身影,豆腐豆粉作坊传出轻歌和推磨声;冥器店的作品式样是如何变化的,簟子铺的凉席怎样通过破篾编织而成;铁匠经过一道道工序打出不同的器具,饭铺用竹筒装满干菜吸引食客。这是《从文自传》中的少年沈从文,他何止是在闲逛闲看!丰富的心理活动时时在展开。

这样的场景在如今的亲子活动中不难见到。不仅在诸如凤凰这样作

图 11-1　渔民编织的篮子,摄于海南省海口市。摄影:Anna Frodesiak。

为旅游点的古镇,而且在现代集市,甚至街头,有时也会出现富有地方特色的传统手工艺:吹糖人、编篮子……当我们边走边看,边欣赏边交流,审美的心理体验就跟随着艺人们的巧手自在地跳跃。

与其说我们被某物形象的美感抓住了视线,不如说是被许多复杂的感觉、想象、故事感动了自己。无论怎样,这样的经历都有一种莫大的收获:舒畅的心情。还不仅仅如此,更有审美素养与积极心理的相互培育。

一、在日常接触的器物中发现和感受美

上述心理收获在日常的很多场景中可以得到:在翻看旧物时,在漫步于户外时,在朋友家做客时,在街头行走时,在异乡旅行时,在公园逗留时,在图书馆借书时……如果我们经常性地拥有这样的审美体验,生活何其不美?

注意到了吗?

器物就在那儿,能否成为人的审美体验,则需要一把开启审美之门的钥匙——"注意"这种心理活动。我们身边有无数的器物,其中不乏美感的启示者。很多父母为婴幼儿买回色彩、形状各异的玩具,孩子稍大,在布置居室、添置生活学习用品时让孩子选择自己所喜爱的。注重女儿审美素养的妈妈,还会让孩子自己从衣柜中取出衣服进行搭配;玩具车或变形金刚的摆弄,则往往能给予男孩以力量、平衡等的感知和经验。这些过程将引导儿童对美的注意:从仅仅是使用,到拥有审美的态度。那些生活中的器物,在色彩、形状、声音、触感等方面让人发现了美,无意之中,人的心理状态进入了审美的情境。

注意力的培养可以从很多方面来进行。集中注意力,是学习所特别关注的心理过程。古人用头悬梁锥刺股来逼迫自己集中注意力,现代人早已发现这是种笨办法。类似那种不让人睡觉的刑讯，最终受审者意志崩溃说了实话，注意力非但不能集中，反而溃散。凡是有如此痛苦过程的学习方法，都会令人想着法子去规避，最终学习者形在而神不在，谈何习得？**与其如此，不如从感兴趣的活动来培养注意力。**在审美体验中，心理要素不是被置于各种压迫之下，相反是在自由地活动着，这让人心甘情愿地排除干扰，集中精力。尤其是包含了欣赏和创造全过程的手工制作，最为胜出地能在日常生活中培养儿童的注意力。而更普遍的日常接触各种器物的行为，如餐前为食物选择和搭配餐具，整理书桌、文具，都是父母引导孩子进入审美情境的好时机，这自然也要求父母自己具备一定的审美修为。

能深深感受美吗？

迈入了审美之门的人，在审美之旅中能走多远、看到多深呢？这取决于其他心理要素的参与情况。以下借用图中餐具进行描述。

目光被图中的彩色吸引住，便开始了"注意"。眼花缭乱？生动活泼？这是"感觉"。在白色底子上有不规则的抽象条纹，蓝色、绿色、棕色，还有红色、粉红色，这是"知觉"。有清凉的爽口感？或是稚拙感？这就有了"记忆"与"联想"——想起了喝过的柠檬水，或是

图 11-2　彩色条纹餐具。

想起了小朋友的蜡笔涂绘；仿佛感觉到了食物的清凉，或是新添的汤汁正在荡漾，或是涂鸦时的歪歪扭扭，这属于"想象"了。

这一系列的心理过程发生得很快，但一定不是一瞬间，需要持续些许时间，才称其为注意：暂时性地抛开其他事物、其他心理过程，进入一种品味的情境。在大多数情形中，我们止步于感觉，没有深入到知觉，直接进入了饮食环节。多半也会止步于知觉，因为碗太让人习以为常了，抓不住我们的注意力。但也有少数情况，比这走得更远，将自己推向明显能觉察到的情感交流环节，比如想起了炎炎夏日家人做了很多凉菜，想起了曾经与朋友一起在小河上荡桨，想起了一群小朋友在偌大场地自由自在玩耍。如果有如此丰富的体验，那么碗盘里饭菜的味道就会不错，即使原本味道与平日并无区别，体验却超出了口感，变得丰富了起来，更让人享受了起来。

二、家用器物审美对情感的陶冶

在餐碗的例子里，也许人们不会因为日常就餐，就进入了明显带有感情倾向的环节，但是无论审美的旅程走到了哪一步，从注意开始，情感之旅便随之展开了：感知即为进行情感交流。

上述例子中，无论是初步的活泼感，还是较深入的稚拙感，抑或是更深入的记忆、联想、想象，都是观者通过碗，与设计者进行了或短暂或稍久的情感交流，否则不会产生这些印象。比方说那是黑色的碗，设计者传达的就不会是一种清凉爽口、天真烂漫的感觉了，而是与欣赏者进行另一种情感交流。

黑色瓷器会传达什么感觉呢？黑釉瓷的著名代表莫过于宋朝建盏。茶器追求黑色的原因，宋徽宗写《大观茶论》无意中作了解释：以其黑"燠发茶采色"。宋代点茶追求色白：茶面呈"凝雪""乳雾"，"以纯白

图 11-3 建盏，南宋，纽约大都会艺术博物馆收藏。

为上真"。茶器的黑与茶色的白相称，因此"盏色贵青黑"。南宋《挥麈录》引《延福宫曲宴记》记载宋徽宗点茶，描述道"白乳浮盏面，如疏星澹月"，传达了如此情感：从皇室生活的纷繁复杂中求得内心的安然静雅。这样的情感，对于在竞争激烈的职场、复杂的人际关系中周旋已久的现代人来说，也不难领会得到。

此类体会对于孩子来说为时过早，但是，他们能从形象联想到电视剧里宋代的点茶注水、茶百戏，想象着传说中那个最文艺的皇帝宋徽宗的雅兴。语文课还学习过林清玄散文集《人间至味是清欢》中的文章，书名就来自于苏轼词中的"人间有味是清欢"。这清欢源于春游，与同行人一起品尝新鲜的野菜、清茶。大一些的孩子也能品味得到，领悟出词中"雪沫乳花浮午盏"的美感。而且无需自己有建盏，书籍杂志或各种电子媒介同样能带来启发——在第七章中，丹麦设计师的灵感就来自肖像中的中国家具。

可见审美是一种何其复杂的心理过程。被器物之美所吸引，所触动，情感便贯穿于审美的整个过程，知与情相互交织。越是有意思的、有内涵的器物对象，越能引起复杂的心理活动，越能陶冶丰富的情感。如同食物之于人体，不同种类的食物共同促进复杂人体的整体机能。长期偏食必然不利于健康，器物审美也是一样，假设只能欣赏萌趣之美，那么情感所得到的营养也将是单一的。

家中的旧物件常引人回忆过往，那曾与家人一起度过的温馨时光，或者一件往事；新物件则令人产生焕然一新之感，预示着生活中的某一处在发展变化。这正是清代李渔在《闲情偶寄》的器玩部中所言的："**无情之物变为有情。**"李渔认为器物陈设以变化为妙，动与静结合，新与旧交叉，让人与器物的关系，竟犹如亲友之间的亲疏远近、悲欢离合。

图 11-4 风铃听风。
用鸡蛋托制作风铃，是颇有环保意味的手工活动。小朋友在制作、悬挂和欣赏中，体会自己与鸡蛋托、颜料的交流，感受风铃与风的力量对抗，倾听风铃与风、树叶的对话，享受人、物与环境的美好交融。

古代文人常将人的情感付诸器物，从桌几案头到园林建造，都意在营造出情景交融的美感。家居器物尤其文房清供，不仅外观优美，且往往命以风雅之名，而令器物观之、唤之便耐人寻味。书房中墨香琴音，又添香炉，以清香轻烟烘托静雅氛围，更是让审美通感畅意徜徉。园林布局有意创造偶然多变，亭台楼榭借景移景，意在与自然风光、天籁之音无限交流。还每每不忘学习与教导之乐——《茶经》之"图"，说的就是将采茶制茶的内容写在丝绢上，悬挂于座位旁，方便时时查看。古代文人真是悠闲得很呐！西方人论哲学，认为其与"闲逸的好奇"有关，看来闲逸既可以走向哲学，也可以走向生活美学。

在信息技术不断发展的新经济时代，像以前文人们那样来享受生活中的美，并非遥不可及之事。从被吸引到浮想联翩，从对色彩形线的感知到愉悦，审美的心理活动以情感为线索形成和谐的有机统一体，情感在其中得到了充分的陶冶。完全可以认为，**审美就是在进行情感的学习和练习，在美的沃土中使之更为茁壮、更为多彩，更有活力地接受阳光雨露，也更为坚强地面对狂风骤雨。**

三、器物审美对积极心理的导向

孩子的心理健康已受到家庭、学校和全社会的关注。弗洛伊德的精神分析揭示过人们被现代文明所压抑着的潜意识。隐藏在心灵深处的本能如何得到满足和升华，是关乎个人心理健康、社会和谐的问题。在释放情绪的渠道中，体育与审美都备受关注，尤其是对于负面情绪的宣泄。人们对此深有体会。当注意力从繁杂事务中转移开，集中于欣赏时，就暂时抛开了焦虑孤独、浮泛无聊。如果能在好奇心的驱使下进一步地研究、学习，甚至动手制作，审美能力与情感情绪就将不断地相互影响。这种双向影响的结果，能击败偏执的心理、跟风的审美，促使人的情感和谐，丰富人的内心世界。

器物审美对于心理健康的意义不仅仅是调节消极情绪，而更是建立积极的情绪。即便心理非常健康的人，都或多或少带有负面情绪，在生活、学习或工作中，在过去、现在或将来，总有感觉压抑、烦闷的时候。因此，现代心理学逐渐从传统的疾病治疗，扩展至关注所有人的心理健康，这就是20世纪末的积极心理学，指向人的幸福生活。

幸福生活从何而来？新领域的倡导者、美国心理学会主席马丁·塞利格曼（Martin Seligman）给出了五个关键词：**积极情绪、参与、关系、意义、成就**。这五个方面也是相互作用着的，能帮助人们达到幸福——不仅仅是愉快地生活，而更是真正有意义地生活。积极情绪（Positive Emotions），并不只是开心、快乐的感受，而是广泛的能引起积极结果的情绪，诸如兴奋、满足、自豪和敬畏等。

什么样的人，或者说，人具备了什么样的品格特征，容易获得以上五方面的优势呢？2004年，彼得森与塞利格曼合作创建了性格优势和美德（CSV）分类系统，基于对东西经典文献的阅读，归纳出六类核心品格：**智慧与知识、勇气、仁爱、正义、节制、超越**。[①]它们是个人可以习得的通往幸福的优势，且在数千年不同文化环境中具有普适性。超越维度的第一种品格就是欣赏美，而智慧与知识维度中的创造性、好奇心、爱学习，以及勇气维度中的热情，都是在审美中非常活跃的个人品格。

可见，审美的过程有助于孩子们完善个人品格，从而获得通往幸福的心理素质优势。幸福，人们都在追求，却每每在途中与之擦肩而过。这多么像人们对美的追求，想方设法地去趋近美，却又往往产生所谓的

---

① 参见：马丁·塞利格曼.真实的幸福[M].洪兰，译.沈阳：万卷出版公司，2010，并根据现行问卷进行了调整。

审美疲惫。《心流：最优体验心理学》揭示了个中缘由："心流"这种深刻的愉悦感，产生于人在接受与个人能力匹配的挑战时，进入的那种忘我状态。对于审美而言，欣赏美若只是浅浅地看一看，止步于感觉，那么不久必然疲惫。只有超越了视觉，结合了认知、理解，融合了感情、观念，添加了想象的翅膀，在挑战下探索一番，才能兴趣盎然、心满意足。而《心流：最优体验心理学》中关于幸福产生于日常的主张，即**幸福"归根结底直接取决于心灵如何过滤与阐释日常体验"**[①]，说明日用器物具备独有的审美价值。同时，幸福也好，美感也好，其实都不是目标，而是心灵体验的过程。

器物审美中的注意、感觉、知觉、联想、想象、记忆、理解，如此等等，既是审美能力，又作为心理要素而出现，这便是美学在现代转向由心理学进行研究的原因。孩子们主动地去注意、感知，去理解、想象，这时的感觉不仅仅是感官知觉，而是起始于感官的情感，诉诸知识的思考，融合了二者的品位。在对器物进行审美时，那些相互交织、相互影响的心理诸要素不断得到运用和锻炼，亦即青少年积极心理成长的过程。

---

① 米哈里·契克森米哈赖. 心流：最优体验心理学[M]. 张定绮，译. 中信出版集团，2017：61.

图为一名 9 岁的孩子看到路边栀子花时所拍摄。他先是被栀子花的芳香与美丽所吸引，边欣赏边拍照。后来再欣赏照片，他选出了这一张：有一对夫妇一起打着伞，还有一个送快递的小哥，这让他感觉特别美好。孩子的感受是那么纯真、自由。审美的自由所产生的道德感并非出自外力的迫使，不为谋得权利，也无意于向旁人证明自己的高尚，但就是在无意中受益良多：犹如微微清风轻抚面颊，犹如涓涓细流滋润心灵，世间真是美好啊！

拥有审美的视角，会时时感受到美好——这与当代心理学所研究的幸福感有所类似，就像幸福心理学所举出的一个例子：拥有一颗感恩的心，很自然地会发现生活是幸福的。感恩就是一种美德，可见审美与美德一样，都能带来极大的精神愉悦与满足，是幸福生活的源泉。此外，审美所产生的高雅、敬畏等超越的感受也完善了人的道德品质。

自然美启发道德感，我们对此是深有体会的：感受到大自然的美好时往往心胸开阔，若有怨天尤人，此时也易于化为宽容豁达。所以荷花"出淤泥而不染"，青松"挺且直"，草生于石缝意志坚强，江水东流义无反顾……艺术美同样如此，不然人们不会用震撼、感动等词来形容听《命运交响曲》、看《最后的晚餐》时的感受。

自然美属于一种无意图的美，与此不同的是，**艺术是以表现美作为目的的，同时还蕴含了创作者的创造力、意志、责任等精神因素**，引导欣赏者去思考：美为何如此感人？我心灵深处的美是什么？

二、器物美的美德启示

器物美与自然美、艺术美同样具有德性的启示，这得益于器物美所具有的相反相成的特点：既回归自然，给人以自然之美跃于物上之感，又走向艺术，因人工而体现出艺术性。以下页图中的日用品为例——

图 12-3 置物罐与花盆。

器物所具有的形式美展现了自然之美。

图右的置物罐采用了梅花图案,这是在追随自然之美,红梅映雪的色彩意境与梅枝的遒劲彰显出梅君傲然于寒冬的气节。器物的创作者将自然物如花草、动物、云朵、沙滩等描绘于器物之上,或者取自然物的形状、色彩,因而表现了或者说模仿了自然美。

器物的外形与色彩在追求自然之美时,能引起使用者在心理上的共鸣:坚硬线条的表达启示了坚强,染印黄褐色则引向朴实无华;纹饰中的岩石青松、雪中寒梅、浩渺星空、泉水潺潺,诸如此类,启发着心胸开阔、乐观积极、顽强不屈、纯洁安静等美德。第二章中提到的竹笔筒就是这样的例子。

器物所承载的文化为其带来了艺术美的特征。

图左的花盆并不模仿自然界的现象或物体，其美在于色彩与纹饰所赋予的艺术性：纹路看上去像是毛笔的粗略描绘，有一种音符弹奏出的跳跃感，与鲜明的色彩一起，表现出积极乐观的态度。

器物自古便被赋予了艺术性，而这种艺术性又与社会伦理相联系。在中国的礼乐文化中，器物被直接用来象征美德，其中特别典型的就是玉有五德。将自然美与人工美并行运用的例子也随处可见。如司马迁引用《诗经》"高山仰止，景行行止"来赞美孔子，即用自然界的高山、人工修筑的大道来比喻人的品行。

在艺术性上，器物并非总是追随在纯艺术品之后，二者具有相互启发的关系。中国传统器物在礼、佛等方面的实用性创造，为今天留下了丰厚的艺术品，礼器纹饰对书画、造型艺术的启迪，更让我们看到器物美的先锋者特征。非洲面具、中国瓷器、日本包装纸，则在西方艺术突破传统的现代化进程中发挥了极其重要的作用。这些都表明了器物美所具有的引领者态度，实质上是器物设计制作者的开拓者精神。

器物的艺术性是创作者对内心感受的表达，其美感来源是：创作者以心中的美好唤醒了各种物质材料。在原始文明中，泥料被勤劳的双手搓成长条，按照预想的外形一圈圈盘筑起来，制作成更高大更厚实的陶器。在现代文明中，设计师采用新型材料代替竹木，既维护了环境之美，又充分发挥出新材可塑性强、易于维护的特征，以新的艺术理念打造出舒适好用的日用器物。

器物无言，其形之美对美德的启示，有待鉴赏过程的认真和深入。当我们沿着前人创造美的思路仔细品味，就开始了学习与探究，这正是人的心灵得到净化，进入更高精神境界的过程。此中，前人在劳动实践中创造美的意志也一并展现出来。

图 12-4 黏土篮子。小朋友将陶艺制作工艺中的泥条盘筑法,运用到黏土作品中,他们以手中靓丽的黏土传承着远古制陶文明的勤奋与智慧之美。

三、器物美与敬业、专注、耐心、坚持

　　锻炼、琢磨、陶冶,均源自器物制作:锻炼为火烧金属与其后的捶打,琢磨为用心推敲何以使石材成为器物,陶冶为制陶和冶炼金属。正是由于这种劳动的过程面对着挑战,都需要专注和耐心,都要求负责任的态度和坚持不懈的精神,才被引申为克服一定困难,从而提高个人能力、素质、境界的复杂劳动和活动。

　　器物的形态美离不开人们所不断探索和投入的各类工艺,对于金属器物而言,錾刻工艺为其中十分重要的一种。无论是青铜器还是金银

图 12-5　清代金凤冠，南京博物院收藏。摄影：Gary Todd。

器，那些精彩纷呈的花纹和浮雕样的图案均归功于錾刻。

錾刻需要工匠熟练掌握多种手法，熟悉使用各类錾刀，完成一件作品动辄十余道工序。若非长久坚持练习，无法制作出精美的图案。图中的金凤冠，以錾刻、花丝、镶嵌等工艺制作，饰有二龙戏珠、凤纹、海涛纹等繁复纹饰，嵌碧玺等珠宝，但因精湛的制作工艺，视觉上有轻盈通透之感，折射出古代工匠的高超工艺和高度专注的精神。

央视《大国工匠》节目记录了錾刻工艺师孟剑锋为 APEC 会议创作《和美》纯银丝巾果盘的过程。[①] 果盘中栩栩如生的白色丝巾是由纯

---

① 【大国工匠】孟剑锋：银箔乱真于丝巾　依古法百万次錾击而成. [EB/OL] [2016-10-04]. http://m.news.cctv.com/2016/10/04/ARTIT7IiOTISZhPhOKxtC3yF161004.shtml.

银片錾刻而成的。怎样才能充分发挥金属材料光彩、贵重、持久的特色，而又改变其生硬、沉重的形象，创造出丝织物轻柔、细腻的美感？在高超的技艺之外，上百万次的錾刻蕴含的更是敬业与耐心。

传统手工艺的传授采用师徒制，师傅招徒时往往看求师者的态度，考察年轻人是否能专心于自己的作品，提倡静下心来手才会稳定，出手才会准确。这一点在当代的手工艺制作中同样被采纳。不仅如此，在手工行业之外，也常常有人在业余时间专门学习手工制作，就是为了让自己神清气定。

敬业、专注、耐心、坚持，这些美德清晰地展现于中国陶瓷的发展史中。陶瓷的烧制成功和不断发展，是数千年人们反复试验的结果。在历史长河中，即便朝代更迭，陶器与瓷器、色釉与多彩，都一直在历代工匠的探索中持续进步着。**技术上的精益求精，形、质、色上的推陈出新**，就那样一点一滴地推动着陶瓷的发展，诠释着锲而不舍的坚守精神，见证着美的生成和成长历程。

四、器物美与创新、合作、谦虚、勇气

美德展现于各种器物的制作上：中国的传统玉器、木器、金属器和现代电器，西方的汽车、飞机、电子产品、照明器具，无论是过去还是现在，无一不是人们不断实践和进步的结果。这才为我们今天的生活带来丰富多彩的体验：有传统紫砂壶沏出茶的清香，也有现代电子壶激发草木的甘甜；有中国的谭木匠梳子理顺秀发，也有西方的双立人刀具雕琢食材。同时，正是因为人们一往无前的探索，器物之美才并不是静止的结果，而是在反思和试误中动态地发展，满载着人类的创新精神。

当代的器物创新伴随着关于人与环境关系的新思考。可再生能源雕塑集艺术品与实用品为一体，融环保观念与环境美学思想于一身。作

为实用品发电机，这种雕塑利用风能、太阳能、水力、潮汐能等发电，赋予生态环境一种人性化的美观，在外形之美中蕴含着可持续发展理念。而巴西的设计师坎帕纳（Campana）兄弟，则以回收包装、边角料、管道等材料来制作家具而著称。图中 Corallo 休闲椅由手工制作而成，取材于钢丝，这种硬质材料与树枝形状、亮丽珊瑚色彩的结合，既反映出户外椅在使用中与自然环境的密切接触，又展示了现代主义审美观与当代流行文化的融合。

在器物兼顾美感与实用的双重探索中，合作总是贯穿其中：每一个具体的项目，都是团队共同努力的结果；而每一类器物变得更美，都归因于从研究、开发到制作一系列流程中无数人的共同奋斗。苹果产品简洁流畅的时尚外形，设计师乔纳森·埃维功不可没，但他将成果归因于强大的设计团队。这一团队汇集了来自不同国家、不同学科的创意人才，他们分工合作，创造出美且好用的界面、图形、字体、触觉、声音效果。

常驻灶台的电饭煲，不仅要外形美观，更要烹饪出洁白润口的米饭。美的电器集团的研发成员们通过团队合作，在广泛采样、试吃调整、交换讨论后，给出了漂亮的应答。

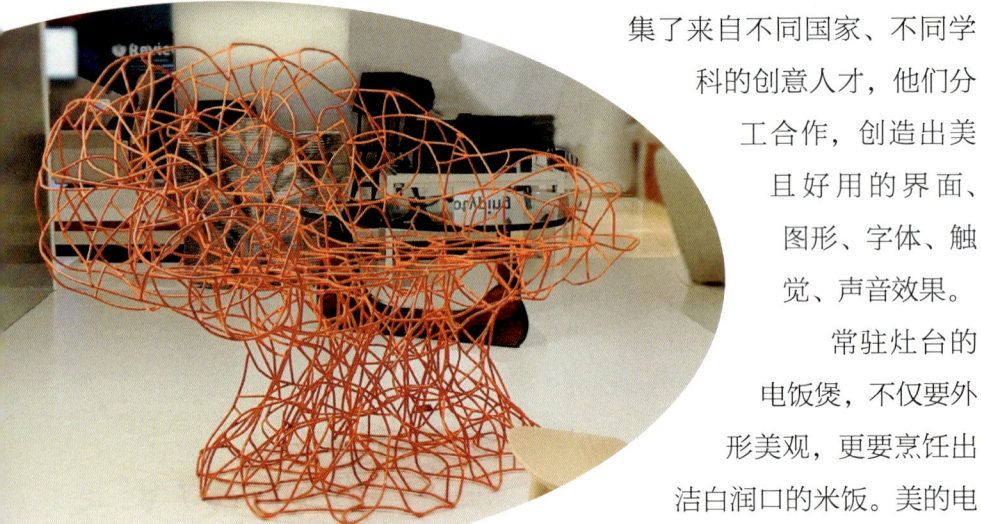

图 12-6　Corallo 休闲椅，2004 年，设计师：Fernando Campana 和 Humberto Campana。美国新地艺术博物馆展品。

水稻种类繁多，分布于不同地域，根据地域稻米的特点针对性地设计电饭煲，繁琐的试验过程无疑需要强烈合作意识的支持，同时还离不开研发者虚心与开放的态度，即对当代日本 IH 电饭煲制作技术的学习。

谦虚地学习他人经验是器物之美得以形成的条件之一。古代中国的陶瓷、漆器制作技术传到日本，是日本陶瓷器皿和漆器独具风格的渊源。日本人在吸收外来经验的基础上不断探索，进行创新，成就了漆器之国 Japan 之名。

制作漆器的工艺流程大多凭借手工，意味着在可能的失败中积累经验，在漫长的等待中迎接结果，因此需要很大的勇气。精制漆的元漆深加工工序需晒制搅拌数千次，凭经验来控制温度和水分。几道漆之后，一遍又一遍地打磨、搽漆、拂拭，每一遍都需要等待数小时，干透后再继续。绘制之前的任何一个步骤，都意味着制作者对自己和材料的信心。只有经历了如此的准备，方可创造出光亮的漆器底面，从而烘托出美丽的纹理和图案。

器物之美，归根结底是人的心灵之美：制作者对美的追求凝结在物上传达给使用者。孩子欣赏器物之美，是与物进行交流，更是在心灵上与设计制造者沟通。器物提供者的诚信赢得了使用者的尊重，而对知识产权的界定和尊重，则是现代社会的器物制造所理当遵循的职业道德。这一点，也应是孩子欣赏器物时所能领略到的一种美的内涵。

第十三章
器物审美与秩序感

大自然真美！当我们发出这一感叹时，心中充满了日复一日、年复一年的"自然"感受。大自然之所以让人觉得美，是因为它那么复杂，却又运转得那么有序。这种容纳了丰富性的秩序感，正是人心之向往。人心之美，孩子成长历程之美，都深受大自然的启迪：建立和维持心中的秩序感，来理顺当今社会中纷繁复杂的信息。这既为审美素质所需，也是全面发展的诉求。

大自然永远在进行着美的示范，但自然的复杂多变又让学习具有太大的难度。诠释秩序感的器物则将自然之美概括到静物上，相当于高深理论的释义版本，方便我们慢慢欣赏和领会；同时，器物借

图 13-1　嘿！椅子成了书架（Hey! Chair Be a Bookshelf），美国新地艺术博物馆展品。设计师：马丁·巴斯。

鉴自然美的方法，也为我们树立了学习者的榜样。

马丁·巴斯的这件书架作品很好地诠释了器物设计对自然规律的依循：别出心裁地以树的自然生长方式来构造书架。设计师思维的自由流淌，让我们看到了自然有机体在变化多端中的协调：**大自然正是以这种非对称、不规则、出其不意来表达其秩序感的。**

一、大自然的秩序感启示器物创作

大自然中的生物体及其组成的"社会"，都因复杂而有序的特征而展现出旺盛的生命力，从而给予器物创作以莫大的启示。

蚁群是蚂蚁们有组织有纪律的社会，它们分工合作构筑巢穴，按功能分类安置蚁室，蚁道堪比城市立体交通线，还可通风排水。拥有数百万成员的切叶蚁社会，甚至在它们直径达十几米的巢穴中种植农作物，就像农民种田那样，只不过它们与种植的物种已共存了几千万年，比人类社会成熟多了。[①]

从个体看，有机体的内部结构也都是如此。物理学家欧文·薛定谔在《生命是什么》一书中提出"负熵"概念，认为有机体不像一般孤立系统那样熵增加而日益混乱，而是将秩序流集中于自身，从而与衰退趋势反其道而行之。

与大自然的"设计和制作"相比较，人类的器物制作尽管历史悠久，却依然稚嫩无比，二者是不同的量级。这是大自然技艺纯熟的原因，由此令其毫无争议地位列师者之位。

器物制作对自然"设计师"的学习，首先是在偶然境遇中的创造性发挥，如在陶瓷生产中，对窑变的利用产生了"金丝铁线"纹样，绞胎

[①] 内森·沃尔夫. 病毒来袭[M]. 沈捷，译. 杭州：浙江人民出版社，2014：113.

则生动地演绎了自然天成。其次，对于有机体的协调精巧，古人已有很多发现，并将之运用于器物的制造，比如中国先祖从动物的牙爪或坚固外壳获得灵感，来制作狩猎武器和御敌兵器；古埃及人观察纸莎草的外形和内部构造，建造具有实用与装饰双重效果的廊柱。动物界的制作工艺也启迪着人类的设计制造。如蜂巢的精美外形和结构，为航空、建筑、包装材料等的制作带来灵感。

现代科学更是挖掘出自然界能工巧匠们的制作秘密，分析各类材质如何有效利用，蕴含了怎样的科学原理，从而使外形、结构与功能完美统一。借助显微镜，人类还观察到细胞的内部结构，发现分子组织得那么井然有序，通过降熵的过程，呈现出精巧美丽的图案，实现其令人惊叹的功能。这种将美感与实用融为一体的秩序，为现代设计制作所学习和遵循。

本世纪英国迈凯轮跑车 P1 的设计，源于设计总监弗兰克·斯蒂芬森与旗鱼的美学交流。旗鱼那精简收敛的弧线，正出自大自然的独特美

图 13-2　迈凯轮 P1。摄影：Alf van Beem。

学创意，为鱼与海洋世界的互动注入了强大的生命力。P1 紧凑型、包裹式的外形，理顺气流、消除噪音的细节，均出自斯蒂芬森对旗鱼超高速游动秘密的研究。

二、礼：器物色彩与古中国的社会秩序

器物是根据某一具体目标而塑造的，首先是实用，而后发展至美观。但发展到一定阶段时，美观与实用会同时出现，甚至因美观而带来了实用。古人已意识到美与和谐的某种联系，将器物的美观运用于对社会秩序的规范之中。中国传统器物的色彩运用是其典型例证。

广泛运用于各类器物的赤、黄、青、黑、白五种基本颜色，来源于我们的先人对自然现象的认知，他们归纳出的五色，十分接近于现代科学所分析出的红黄蓝三原色和无彩的黑白二色。空间性的方位和时间性的次序，作为社会秩序最基本的构成，被赋予了颜色，成为一个色彩与时空的理论体系：青色—东方—春季、赤色—南方—夏季、白色—西方—秋季、黑色—北方—冬季、黄色—中央—季夏（夏末）。

器物色彩直接运用了这一理论体系，不同社会等级人们的服饰与生活用具，都接受颜色使用的规范。这就是遵循自然秩序的人间秩序——礼制。《尚书·皋陶谟》说"天叙有典""天秩有礼""天命有德"，所以大家遵从上天秩序，家庭人伦、君臣等级皆调整有序，人与人和睦相处，还用五色礼服来彰显有德之人。

周朝设立的以五色为正色的用色规则受到儒家推崇。《论语》记载了孔子"恶紫夺朱"之说，他认为紫色乃杂色，扰乱了正道。金庸《天龙八部》中阿朱、阿紫的取名可能与该典故有关。齐桓公就是那个爱穿紫色衣服的人，还真是扰乱了社会秩序：那时紫色原料稀有，国君的喜好带来了紫色大流行，哪来那么多紫布供给老百姓呢？后来是管仲建议

图 13-3 红墙、黄色琉璃瓦的故宫博物院。

齐桓公表现出"恶紫之臭"的样子，才压住了这股风。不过，紫色就是既贵且美的颜色，只要不乱了社会大秩序，就仍然为"高贵"一族使用，在后来很长一段历史时期内为高官官服着色，形成顶层社会的服饰用色秩序。

红色，因其与血液、太阳、火焰的色彩关系，启迪着古人对生命力的感悟——红色漆器、红色服饰、红色外墙、红色节庆用品、红旗，从皇宫到民间，从过去到现在，各类器物的红色一直深受人们的喜爱。

黄色，因与土地的色彩关系，被赋予了统治者、领导者权位的象征。于是黄袍加身即为天子，黄代表了皇家气派。唐代禁止平民穿黄色衣服，清代以黄旗为首，朝中人对不同黄色朝服的穿着有严格的区分。宫廷以黄色作琉璃瓦，各类器皿、地毯以及皇帝诏书，皆多黄色。以鎏金工艺而使铜器发出灿烂光泽的陈设品，记载着历朝皇宫的权威和奢华。

五色之中的另外三色，即青、黑、白，没有被赋予喜庆、尊贵之意味，于是更为广泛地被染到民间器物上，或因取材广泛而易于流传，或表现了远离权贵之雅，如青衣布衫，黑白灰徽派建筑，无彩色文人画。因此，**欣赏中国传统器物的色彩，不仅仅是感知色彩选择、搭配之美，更是对于历史文化的深度体验**。

三、宗教：哥特式与欧洲古人的心灵秩序

礼制遵循自然秩序，其中的"自然"并非自然本身，而是人观念中的自然，即"上天"。上天秩序对于中世纪欧洲人而言，是神所建立的秩序。礼与宗教在对社会秩序的影响上有类似之处。宗教曾经为西方社会提供了一个道德系统，以此来规范和影响社会秩序，同时进入信徒的内心结构，帮助人们梳理心中的秩序。在西方美学史上占据独特地位的哥特式建筑，是承载宗教文化的典型，以神化了的秩序来影响个人的心灵，这与当时的社会背景有关。

中世纪素有"至暗时期"之名。欧洲为连年的战乱和饥荒所笼罩，人们在现实生活中无法找到幸福，就将对美好世界的向往寄托于神灵。基督教于是担任起了"精神导师"，引导人们飞往幻想世界，为心灵构筑家园。在宗教启发和人们需求的相互作用下，容纳多种艺术形式的哥特式教堂应运而生。建筑巨大而空旷，在实用性方面可以容纳更多的人，在象征意义上则提示着神的伟大，形成令人信服的安全感。现在我们走进这样的教堂，也会因壮观而产生震撼感，感觉到自己非常渺小。更何况，在当时，人们对于未来的期待，用丹纳的话来说，是"病态的幻想""夸张的情绪与好奇心"。[①] 这样的心理诉求，正是在教堂既庞大

---

① 丹纳. 艺术哲学 [M]. 傅雷, 译. 北京：人民文学出版社，1963：52.

又精细、既华彩又奇异的造型与装饰中得到了满足。

繁复华丽的装饰、色彩斑斓的天窗添加了哥特式建筑的神秘感,引导人们将不安化作迷狂;呈不断上升态势的屋顶则增强了建筑的力量感,带领人心放下焦虑,向上升腾。[①] 这就是现代艺术名作《抽象与移情——对艺术风格的心理学研究》中的"抽象",天才的沃林格在当时盛行的"移情"说之外挖掘出了"抽象"的心理线索。这两种完全相反的艺术心理与制造物互动,才能完整展现出古埃及—古希腊—中世纪—文艺复兴建筑所印记的错综交织的社会文化发展秩序。

古埃及时期:自然环境多灾多难,令早期人类害怕,建筑反映出逃

图 13-4 哥特式建筑——西班牙莱昂大教堂内景,近 1800 平方米的玻璃窗令其成为中世纪彩色玻璃收藏巨头。

① 威廉·沃林格. 抽象与移情——对艺术风格的心理学研究 [M]. 王才勇,译. 北京:金城出版社,2010:87.

离自然的"抽象"需要，金字塔即为典型的抽象形象。

古希腊、文艺复兴时期：建筑依循"移情"，即人们喜爱自然，将自己的情感付诸建筑，花草形象成为建筑的装饰，富有人的生命力。

中世纪：社会环境衰败苦难，哥特式建筑呼应了"抽象"心理。

将社会心理与建筑风格一一对应可能有僵化之嫌，瑞士美学家海因里希·沃尔夫林认为艺术风格不可能总在准确反映时代，但他也认为建筑表达了所属时代"人类的壮志雄心"。[1]尤其教堂这样寄托着人类心灵与信仰的建筑，总会在整体风格上、细节装饰上，将与人类心理相关联的社会发展秩序，或多或少地记录下来，并或深或浅地缓缓释放给后人。

四、简约与经典交融：电子产品与现当代秩序

现当代包含了现代与当代两个交融着的时代。现代对于今天来说，虽然在过去便已到来，当下却仍然在进行中。现代是科技迅猛发展的知识经济时代，是大量信息不断挑战着视觉、思维容量的时代。十多年之前，我们只需点击几个链接就拥有大量信息了：文字的、图像的、视频的，不仅良莠不齐，而且真伪难辨。对此个人只有通过长期的学习和练习，以心中的秩序感来充实心灵，才能不被无聊的消遣和信息的刺激所左右。一件物品用简单结构表达出复杂内涵，方法同样是建立秩序，典型代表非电子产品莫属：承担复杂的实用功能，又以小巧的外形和便捷的界面实现大量信息的秩序化。

在现代性继续着的当代，社会审美心理悄然变化，简约已不再是美的唯一，人们用一种寻求经典和复古的心态，要求器物在简约美中容纳一些历久弥新的经典美感。

---

[1] 海因里希·沃尔夫林.文艺复兴与巴洛克[M].沈莹,译.上海：上海人民出版社,2007：73.

我们所熟悉的苹果电子产品，就在这样的文化发展秩序中，不断地追随着却又引导着人们的审美倾向，在经典与简约的细节性变动中展示着自己的设计发展秩序——

乔纳森·埃维最初为苹果电脑 iMac 的设计并非简约思路：战胜当时黑白灰简单配色电脑的，是带有模拟海洋景观倾向的半透明蓝色外壳。其后的苹果产品才走向精简优雅，但这种转变还只是外形，界面仍是拟物化风格——模拟实际物体。

直到 2013 年苹果发布 iOS7，界面才以简约的二维元素和鲜明色彩体现出清晰、简单的新美感。苹果的说法是，人们用习惯了电子产品，不再需要界面的拟物提示。乔纳森·埃维对他的设计理念有一段广为流传的表达："深刻而持久的美感蕴含于简洁、明晰和效率之中。真正的简约不只是删繁就简，而是在纷繁中创建秩序。"

不过，这种秩序并非一成不变。2021 年发布的 iOS15，虽然主屏幕看不出变化，但点击应用，就能看到有从极简向拟物化悄悄回归的倾向。比如，天气有阳光普照或风起云涌的背景，闹钟设置有调机械钟那样的嘀嗒感。

实际上，使用原系统就会发现，苹果系统一直就保留有拟物风格，如界面上的邮箱、相机、地图、图书等。打开备忘录，如果选择手写，会看到底部有一排笔、橡皮和尺子。

由此我们可以看到，**器物设计常在新旧之间不断交替、循环往复，但又并非回归，而是不断融合，是一种创新式的迂回。**本书第六章也谈过这一点。器物美感的这种发展秩序隐藏着社会审美心理的变化秩序：人们既需要慢慢习惯完全陌生的新设计（第三章谈到过习惯对美感个体性—社会性的作用），习惯太久了，又会产生审美疲惫，怀旧与喜新厌旧的并存形成社会审美心理的一种张力。

五、理解文化秩序是理顺审美心理的基础

在广阔的时空中，器物设计与人们的审美心理之间一直在互动，呈现出一种关于人与物相互构建的宏观秩序。器物美感对秩序感的启示，在历史上更多是一种象征意义，而在今天，已在人们使用器物的过程中，凸显出美与秩序感相辅相成的现实意义。纵向地看，社会文化的秩序在历史进程中不断发展；横向地看，多元文化在持续的交流中生成新的秩序。理解这种历史的发展、多元文化的和谐，是青少年在审美中理顺内心秩序的必要前提。

理解文化秩序的历史发展，一方面是理解历史：青铜器、哥特式建筑的崇高感，五色为正色的观念，都服从于当时的社会伦理，与那个时代的社会环境相契合。另一方面是理解发展：器物美与秩序的关系是动态变化的。现代设计中采用大面积的高纯度色彩以打破常规，能为视觉带来兴奋与激烈感，又以反常规的配色，如"日夜色"，来制造不可思议的神秘印象。这些并非秩序混乱，而是更深入地理解了自然——大自然秩序的最突出特征就是千变万化，时常"失序"。

理解多元文化，需要在欣赏器物美时探寻其背后的不同文化背景。如中西器物具有不同美感，中国器物以传统人文精神为基础，讲究艺术形式的综合，对应了中国文化注重和谐性、兼容性、关联性的特征；西方器物以科学探索为基础，追求艺术与实用的创新，与西方文化重视具体性、个性、对抗性是相应的。

上述文化理解皆可为父母们提供一些参考，以引导孩子们发展审美情感，建立健康、和谐的审美心理。

第三篇
家庭育儿运用器物之美的实践

"天青色等烟雨，而我在等你。"这首《青花瓷》，年轻人大多能哼上一两句。于是他们开始关注青花瓷，欣赏白底蓝色花纹的美，还发现青花瓷在全世界享有盛誉，因而产生了疑问：西方人为何对青花瓷如此着迷？（第九、十章）不少人注意到，天青色描述的是青瓷（第八章），属于色釉，并非作为彩绘瓷器的青花瓷。被天青色的美感所打动的人，不久又有了新的发现，明代《五杂俎》记录：周世宗御批"雨过天青云

图14-0 青瓷与青花瓷。第149页：景德镇青花瓷罐，明代。第150页：龙泉窑青釉鬲式炉，南宋。克利夫兰艺术博物馆收藏。

破处，这般颜色做将来"。这是个"世传"，但既然有此传说，那么天青色应是引起了古人对雨水洗礼后明澈天空的遐想。这样的联想，今人依然在继续、在扩展。

你看，青瓷、青花瓷，这些器物怎会不教人更懂得审美呢？然而，这种"更懂得"并不是必然发生的，需要从小的积累，而如何才会发生，就是第三篇的话题：如何将生活中接触到的器物运用起来，助力于孩子们审美素养的提升。

第十四章
家庭育儿是一门美学

天青色，器物追求美感的一种生动表现，在历经了社会历史的沉淀之后，不仅为审美注入了人文意蕴，也激发了求真的科学精神。欣赏的过程由此而与探索兴趣相随：天青是什么颜色？柴窑为何如此独特，关于它的神奇传说是真的吗？会不会终有一天考古将揭开谜底？于是，色釉的制作工艺、时代背景和社会情境、过去的宫廷文化和民间生活，都吸引青少年去思考、去追问、去发现，审美的过程越来越被推向深入：从视觉走向综合性的感知觉，从感知走向联想与想象，从想象走向理解，从理解走向判断，从感性与理性的结合走向对概念、观点的创造。

如此，审美体验"内化"为个人的素质。储存于头脑中的素质提高了，将来口头或书面的语言、图像表达水平就会提高，再去表现和交流审美体验，去创造美的形象，即"外化"。如此循环往复，器物审美与个人素质双向发展。

促成这样的内化和外化，需要通过教育，但并不局限于学校教育，家庭也许是更为重要的教育场所。育儿怎样才能成为一门美学，从而充分发挥器物的美育价值呢？

一、育儿具有美的性质

育儿之美是一种艺术之美。

育儿的美体现在：并非教会孩子们熟练掌握审美的技能，而是帮助他们散发出、把握住生命的活力和美感。

我们常常从家长们那儿感受到育儿的艺术：如何启发性地与孩子交流，如何机智地面对孩子所遇到的问题……此时，父母的育儿活动是创造美的活动：在表层，向孩子示范和传达美；在深层，内在地蕴含于育儿的过程和目标之中。父母所展示的教育之美，既有外在的外表、语言、动作，更有内在的知识、观念、方法，内与外都是美的有机构成。

而且，育儿所涉及的时空范围，让孩子审美情感和能力的发展贯穿于成长的整个过程，弥漫在整个社会系统之中。父母具有如此开阔的视野，便能将家庭生活引向艺术。

育儿之美还是一种生活之美。

器物属于生活世界，最为常见，用途也最为广泛，但是，器物在追求美的道路上也曾偏离了大众的生活世界。历史上曾经的过度装饰之所以成为可能，是因为在等级社会中，贵族有其无需实用的过度奢华需求，耗时费力的人工只为少数人提供美妙的享受。历经几代的艺术运动之后，实用、美观与财力可承受被有机地统一起来，这就是现代设计的主旨。现当代器物的美融入了大众的生活，其艺术性不再显露出高高在上的疏离感，这就是器物

图 14-1 五彩花，小朋友作品。皱纹纸也可以开出这么绚丽的花朵。

之美启示育儿之美的核心所在：打破与现实生活世界的疏离。

育儿本身就是生活，谈何疏离呢？这种貌似荒诞的问题事实上一直存在着。在育儿中不计成本地寻求"见世面"机会，用度上比名牌、追明星同款，实际上是脱离生活实际，追求着不属于自己的世界。

育儿是一种生活，在不断学习与反思中生活。散发出育儿的生活之美，需要父母们以审美的眼光，来品味现实生活的情趣，来审视孩子的成长过程。在家庭生活中，美育是灵活多样、无处不在的：随手可用之物，无意中的学习……

二、情之所至，美在传达

培育出一株美丽的鲜花，需要选择合适的土壤，浇水施肥、耐心等待，最需要注入的是爱。水浇多了不可，浇少了也不行，不同品种、不同生长阶段的花对水的要求各不相同，但总是要饱含爱惜之心，让深层根系充分得到滋润。"润物细无声"，杜甫此句甚妙！春天好像懂得万物的生长诉求。

审美与育儿一样，情是触动心灵的关键。育儿最美之处，在于以其动人的情感交流之美来激发孩子，引导孩子探究的兴趣。这就是外在于人的器物——从工艺品到生活器皿，能影响到孩子审美素质的关键。

孩子学习美术、乐器、体育项目，如果并非对其天赋、兴趣因势利导，而是想让他们学会一门技艺，甚至是为了将来升学时有一个加分项，获得按照艺术生录取的便利，那么这样的学习，将既难发展智力，也更谈不上审美素养的养成。没有产生情感的学习过程，打动不了内心，就不会对人生有深远意义。就像是父母想圆自己的音乐梦，不考虑孩子的爱好，买回小提琴反复劝说、诱导和施压，让孩子终于学会了拉一些曲子，考了级。但拉奏的曲子总让人感觉熟悉而又陌生，因为不能说是演奏，没有演，只是按照记忆拉出了音符。听起来陌生的原因是毫无情感。这把小提琴在孩子使用时没有凝结他的深情，他无法细细地感受其中美好的滋味。孩子的身心未能得到美的熏陶，究其本源，在于育儿的过程缺乏真实情感的交流。

图 14-2　父子俩一起制作的母亲节礼物。品牌印是爸爸最后加上去的。

在富有生活情趣的家庭中，美总是在流动、传递。家庭成员之间的活动常被称为亲子活动，蕴含着美的亲子活动总是充满着情感的交流与共鸣。

在一同赴博物馆参观的亲子活动中，孩子也能从父母的审美趣味中感受到美的力量。因为父母在这项充满理解、想象、联想、创造的审美活动中倾注了情感和生命力，孩子也就会在交流中被触动，领会到其中的美。富有感染力的活动，让知识与美感同时传达，孩子对二者产生共鸣，这是理智与情感的双重交流。

三、自由有序，美在生成

本书一再强调的审美自由，仍然值得在家庭育儿中再次强调。育儿，一定是启发孩子自己的悟性,而非教给他们一种观念和眼光,那样会极大地限制孩子的自由。

连马克思都说"人也按照美的规律来塑造物体"①,"美的规律"就是很多哲学家提到过的:**自由与自律**。人的能动性与物品不可同日而语。而且,育儿并不是去塑造孩子,以塑造成大人理想的样子,而是引导孩子发挥自身潜力。以审美的感受和热忱来体悟育儿的内在规律,将领会到启发自由天性的重要性。

同时,自由并非毫无目的、漫无边际的完全放任。就像第四章我们说过的那样,玩游戏要遵守规则,玩泥巴也要尊重泥巴的属性。如图所示的魔方,其游戏规则,现在的孩子们比上一辈人懂得多。孩子的成长,必须有知识的学习和能力的锻炼,且需要克服一定的困难。**自由与**

图14-3 色彩、方向、空间感、数学思维——充满魅力的魔方。如今的孩子对其钻研得很深,学校还组织相关比赛。

---

① 马克思. 1844年经济学—哲学手稿[M]. 刘丕坤,译. 北京:人民出版社,1979:51.

自律就像是人的精神与身体一样，二者相辅相成、缺一不可。自律在创造和欣赏器物中并非对制作程序、法则的生搬硬套，在育儿中也同样远远超出了要求的约束，而更是以明晰的思路、有序的锻炼、逻辑清楚的活动过程，共同来展示孩子的成长之美。

静态的魔方，在孩子们手中灵活运转，形成静与动交织的秩序之美。在育儿时，器物、文字、图像为静态，表情、语言、动作、演示、活动为动态。身体的移动、思路的流动、活动的推进、人与人的交流、人与物的交流，这些动态的过程凝结为一个个静态之美的瞬间，静态的美又和谐有序、富有节奏地融汇流淌为动态过程。当育儿的过程中蕴含着美的旋律，才会充满生机和活力，促成情感交流。这时，各类器物以静态而呈现，是动态过程中的片段，又总是与动态相配合，体现出秩序之美。

四、日积月累，美的领悟

审美素质生成的途径有很多。就在家庭日常生活中，孩子手中的玩具、坐着的椅子、桌上的灯、厨房里的碗盘……可是这种非专业的途径真的有效吗？我们来看这则故事——

在一次酒会中，好好儿的酒，却有两个人说有皮革味、铁锈味，他们的话引起了大家的嘲笑。然而，酒桶被倒干见底之时，果然有一把拴着皮子的旧钥匙。休谟（David Hume）曾用《堂吉诃德》里的这个故事来讲述审美趣味。[①] 喝出了异味的是两名品酒行家，休谟将他们这种敏锐的感受能力称为"鉴赏力的精致"。

行家才能觉察到细微的变化，说明审美趣味是审美经验的浓缩和提

[①] 休谟. 鉴赏的标准[M]. // 休谟. 人性的高贵与卑劣. 杨适，译. 北京：北京出版社，2017：78.

炼；而大家的嘲笑则表明审美具有一种不可言说性，这就是后来迈克尔·波兰尼（Michael Polanyi）在《个人知识》中所提出的概念：缄默（tacit）知识。"我们懂得的多于我们所能言说的"[①]，比如说，我们很难说清楚，是怎么就一眼从人群中认出了朋友。那凭借的是经验、直觉，它们养成于长期的体验和实践，人的审美品位就是如此形成的。家庭生活是这种体验和实践极为重要的场域，尤其对于儿童而言。

孩子们玩游戏，参加快乐的活动，自然会有感想、有收获，情感的、智力的、观念的，如此等等，但是，他们并不会或并不能将这些说出来。父母认识到这些，往往也是通过自己的观察领会到的。我们都知道，很多东西一经言语就变了一个味。其实孔子早就知道这一点："天何言哉？四时行焉，百物生焉，天何言哉？"（《论语·阳货》）。大自然教诲人类的方式不是言语，

图 14-4　只有孩子才会玩得如此心无旁骛，这种探索的收获也许很难用言语表达。

---

① Polanyi, Michael. The tacit dimension[M]. Doubleday & Company, Inc. Garden City, New York, 1966：4.

而是四季运转、万物生长。**育儿也从大自然的教诲中获得启示，父母仅通过说与教的形式，往往不能成就育儿之美。**

中国传统文化中常说"悟"，实际上要靠人的长期实践，沉浸于某种环境之中。参禅悟道是历经了长期修炼而成的，而在家庭生活的情境中，由于孩子与父母朝夕相处，父母运用日用器物来支持孩子实践，这个"修炼"的过程无疑时间更长。当人们阅读了大量书籍，会发现自己似乎悟到了什么。与此类似的是，大量家庭活动或者亲子活动的实践，会让孩子有所感悟，产生相关的经验。到了一定的时候，一些观念、想法自动涌现出来，无需经过推理，无需关于形线、色彩的理论知识，就是靠直觉感知到了。这样的直觉，属于审美的敏锐性，相当于在休谟的故事中，品酒师品出了铁锈、皮革味。

实际上，孩子经常不知从哪儿就冒出了灵感。这个"哪儿"，是弥漫在日复一日的生活之中的。孩子的成长具有一种整体性特征，也就是说，他们始终都不会只发展某一个技能、某一项素质、某一种情感，他们的发展也始终前后相连，这就是杜威在美学中所说的"一个经验"[①]。一个人现在的体验与过去、将来有关，视觉与其他感觉有关，感知与情感、知识有关。**孩子整体素质的发展，在生活中常经由一些极为普通的体验便可获得，关键在于一点一滴、长年累月地慢慢积累。**

---

① 约翰·杜威. 艺术即经验[M]. 高建平，译. 北京：商务印书馆，2017：41.

第十五章
运用家中器物育美的途径

孩子的大部分时间都在家中度过，家庭生活为孩子的发展提供了良好的场所和情境。一些情感和能力在日常生活中悄悄生长，其中重要的一支为审美品位。家庭生活经验就如此沉默着，家中的那些器物也就这样静止着，却为孩子各项审美素质的发展提供机会，常会通过这样一些途径——

一、家务劳动

孩子对大人们每天从事的家务事可能充满好奇。只要不是一味重复，儿童很喜欢自己动手去拿碗筷、摆放玩具、浇水、喂养宠物、贴窗花，尤其喜欢一些挑战性的、从未尝试过的劳动，像做菜，修理一件物品。迷你厨房、餐具模型、模拟洗衣机、微型清扫用品、娃娃、

图 15-1　一名小学生炒的菜，看上去就味美。

电子宠物，都成了他们的玩具。他们不喜欢生活细节全部被安排好，而是要在未知的成人生活情境中，去探索不确定因素所形成的迷宫，去体会快乐的期待，去揭开神秘的谜底，去体验困难产生的阻力，去感受解决问题的成就感。

孩子自愿地参加大人的家庭劳动，是以玩的方式做家务，审美情感与能力孕育于其中，可能是顺利快乐的体验，也可能遇到困难，需要不那么欢快地去寻求解决方案。孩子不知道自己在学习，无意习得，这个过程被称为"内隐学习"。家用器物提供了很多内隐学习的机会：盛饭的碗、喝水的杯、浇花的壶、照明的灯，无需细数，衣食住行，哪一样离得开器物呢？现代家具和家居用物很多从网上购买，需要自己动手组装，在这类家务活动中，孩子稍大，当具备了一定的体力时，就可以参与组装了。商业界正是敏锐地捕捉到了当代人在家庭教育上的此类需求，设计出了 Nugget 沙发这样可以自由发挥想象力的家具兼玩具。

一起做家务劳动时，父母可以通过密切的亲子交流而与孩子共享各自心中的信息。孩子一边观察父母怎么做，一边模仿，但又不是照搬。他们用自己的眼睛看，用自己的心体会，用自己的思维理解，创造性地进行着模仿，并用动作表达了出来。孩子基于对父母充分的信任而模仿、接受影响，也需要父母充分地信任他们，这种信任，最重要的是信任他们的创造能力。

二、家居布置

孩子与父母一起进行节庆装饰、礼物准备、聚餐布置，各种器物都带有一定的感情色彩，日积月累，形成人与人、人与物的情感交流，便自然导向了审美：春节期间用春联装饰房门，剪窗花点缀窗子，将小灯笼等挂件布置在绿植上，将茶几安排得美观又方便迎客……从对外观和

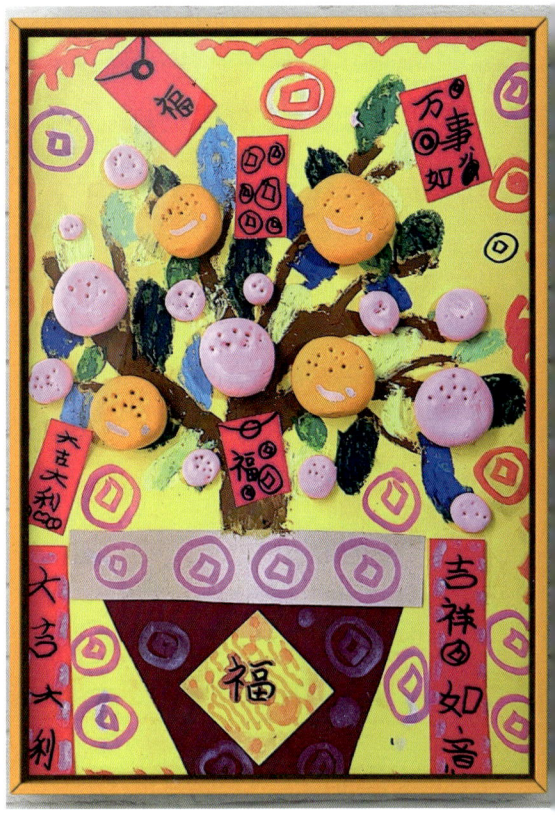

图15-2 小朋友做的充满年味的黏土作品。

文化内涵上的鉴赏,到审美意识的养成,再到以后在欣赏艺术品时,能感受和体验美的情感性和文化性,认识和理解美的丰富性与深刻性,审美素质在其中点点滴滴地积累着、生成着。

在此过程中,父母需要做的不是教,而是导,这比教要难得多。需要父母运用相应的技术,更胜一筹的是艺术,用孩子感兴趣的、生动的方式,去启发他们。

家里的很多器物是有故事的,在美育意义上,它们不仅是形式美的拥有者,更是审美情感的寄托和培育者。很多家庭在带孩子外出旅游时会购买当地有特色的纪念品，那陈设于家中各处的纪念品，专门布置的旅游纪念角，都记录着愉快的回忆，那是家人情感交流的结果。一些器物反映着曾经的生活故事，特别是那种有缺陷的手工作品，因有故事而产生了美感。无论是欢声笑语的故事，还是挫折失败的故事，器物所记录的经历都带有审美的意味，也就是让人用情感去感受美。

有趣的物品能够为审美提供联想与想象的灵感之源。比如观察优美器物的经验，就在配色上对手工制作提供了联想的素材：海水沙滩的配色有放暑假的快乐感，红黄配色有过节的热闹感，暗色有恐龙的神秘感……

与联想比较，想象受素材启发，但进行了加工和创造，因超出了所见、所触的客观对象，更能启发孩子的审美创造性。星空投影灯、地球仪，能启发关于星空宇宙、环球旅行的遐想。混合植物盆景、鱼缸、水培器，此类的容器支持微型生物圈的形成，不仅有助于生物之间关系的理解，更能激起关于丛林中生物圈的想象。父母与孩子一起进行布置，一起来摆弄家居物品并对话交流，将有益于孩子审美情趣和创造性的发展。

三、整理拼拆

孩子的玩具、生活与学习用品需要整理，有时还需要修复，这虽然也属于一种家务，但针对的是他们自己的物品。他们可能还喜欢拆拼玩具、拼装自用小件家具等。乐高本身就属于一种可以拆拆拼拼的玩具，如果玩得好，其叙事性特征还能激发想象力。

对父母来说，在孩子的此类活动中，让他们自己做主极为重要。父母将孩子的书柜收拾得整整齐齐，书籍按颜色摆放，觉得会让孩子拿本书来读时心情愉快，但常会发现孩子扯得一团糟。当然这只是父母的感觉，因为彼此对美观、实用的看法完全不同。你会发现，只要孩子并不求助于你来帮忙整理物品，那么他们就自有章法，在这个章法中他们收取自如。因为这些物品属于他们，与他们建立了情感上的联系。

儿童的世界规则较少，因而他们的原创一点都不令人奇怪，就连旅游时增购了一两个冰箱贴之后，他们常常不受制于常规思路，而是创造性地陈列出来。父母理当鼓励孩子释放出自己的创造力。对于各类物品的整理、陈设、修复，父母无需教给知识指导他们去学习和练习。取而代之的是，父母扮演的是帮助者、配角。孩子自己在实践中想要做出某一效果，或者解决某个问题，就自己去预想和猜想，怎么去安排，从哪儿开始入手，一步步试验、试误，验证预先的或随行动而萌发的想法，

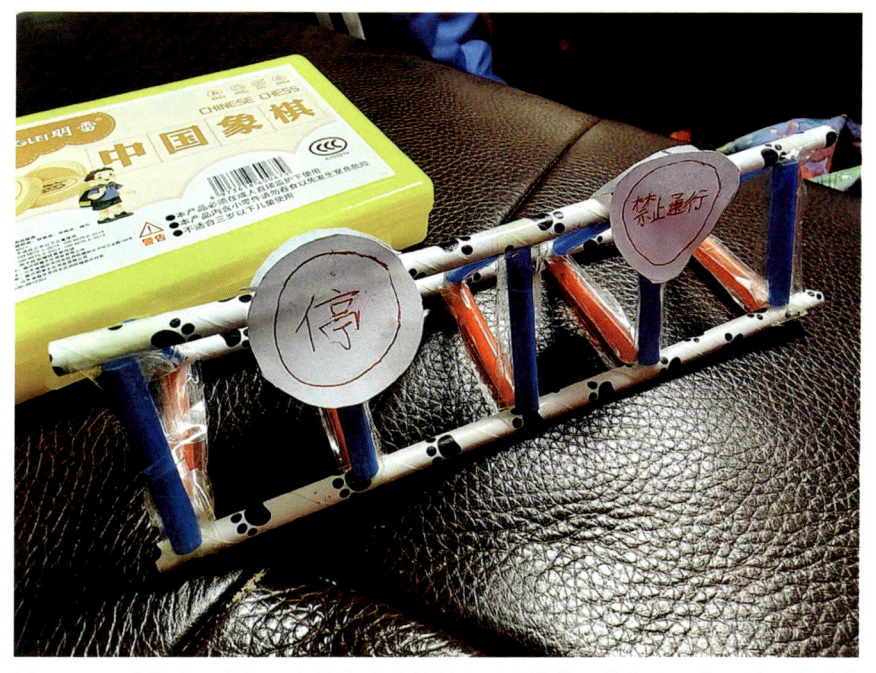

图15-3　吸管手工制作。小朋友通过拆拼生活小物件，做出了一件可用于交通游戏的作品。

这就是在创造。日常活动此时充满了创造的情境，创造性思维孕育于这样一点一滴的探索之中。

四、手工制作

毋庸赘言，手工制作贺卡和工艺品，自然是培育各方面审美素养尤其是创造力的良好途径。孩子有能力做出原创性的作品，但多数情况下还是需要学习已有成果，这种学习并不妨碍他们创造性的发挥。

不过，并非所有的手工制作都有如此美育价值，比如数字油画。完成一幅数字油画只需要对照已规划好的颜色和数字，填进去即可。在集中注意力、锻炼眼手的准确性、收获亲手制作的喜悦感方面，不失为有意思的活动。但如果从审美的角度看，则缺乏对观察、鉴赏、布局、构思的体验。

临摹画作同样不是创作，但在临摹中，原作所包含的艺术和技术不是直接被分解为明确的数字，而是依靠学习者细细的观察、慢慢的领悟。临摹学习的对象并非一幅静态的画，而是作者创造美的经验。肯定是喜欢的画作才会去临，是什么造就了这种美的整体感觉？这是学习者首先会思考的问题。不可能从任意一点开始，而是先观察整体布局，远中近景处理的妙处；辨别色彩的运用，考虑好将采用哪几种色，大概的量。色彩、线条，都不是独立存在的，下笔之后，调色板上色彩的调配，就反映了学习者对原作的理解，有时是运用了关于色彩的知识，而大量的则是说不清楚的感觉：练习形成感觉，感觉引导练习。

手工制作活动如果只是教孩子每一步怎么做，最后为美丽的成果而欢呼，那就回到了数字油画的思路。发挥临摹式的优势，需要先观察、触摸，甚至听，也就是先审美。跃跃欲试了再开始动手与材料交流，沿着这种交流所产生的感觉，慢慢地前进。说不清楚的感觉，在练习中，或者说在玩中逐渐形成，又被运用于此后的练习。父母需要做的，是接受他们不熟练的动作，容忍他们破坏性的试验，尝试用他们的眼光来欣赏成果。

图 15-4　美的诞生通常需要先经历一些不那么整洁的过程。

五、鉴赏传统器物中的艺术

阅读与观看纸质或电子形式的媒体素材，是器物审美一种不可或缺的间接途径。媒介中的器物没有那么直观，但浓缩了大量信息，因而将众多器物以更为简约的方式展现在我们面前。

2016 年，北京一个名叫张秋实的小学生发现语文教材的插图中官服与历史不符，从而致信人教社。她的观察力与鉴赏力来自平时在课外的探索与关注：爱看历史书，看古装剧也会注意到人物的生活用物。

很多文学作品、影视作品展现了传统器物之美。《红楼梦》中的器物不仅信息量巨大，而且总是与使用者的身份、个性特征关联，让器物之美不再停留于外形，而是进入读者心灵。拍摄成电影、电视之后，曾让无数观众探寻那种类繁多的器皿、建筑、服饰。

描述古代社会的影视作品现在越来越讲究器物的正确性和美观性，这种趋势是在制作者与观众的互动中生成的，因为器物用得不美观，会不够吸引观众，用得不符合历史，观众会看着别扭。张秋实小朋友的故事说明，影视作品所表现的美观器物能吸引孩子，而且不仅仅是他们的视线，更有他们对深层次文化的兴趣和探索。小学生的审美具有"写实"的特征（第十七章将展开来谈），个人的审美阶段与迅猛发展的信息时代不期而遇，拓展了青少年的知识面，既是个体的偶然，也是历史的必然。

六、品味现代艺术中的器物

媒体素材并不仅仅宣传古代作品。如果有一天孩子拿着这张图来问："这个小便器真的是艺术品？真的美吗？"家长虽然不会与孩子一起探究该器线条流畅、瓷面光滑，但我们欣赏现当代西方艺术品时，大多会遇上一个困境：看不懂。绘画看不懂，装置艺术更不知美在何处。

1917年纽约艺术展中的作品《泉》，的确就是杜尚从商店买的普通小便器。看上去无所谓美不美的小便器是一件"现成品"，直接成为艺术品，正是艺术超越形式美的反传统思考，引发了一场人类艺术自20世纪以来的深刻变革。西方艺术孕育于西方世界，我们无法置身于其中去体验，但可以通过纸质书刊、电子媒介去了解。

现在，一百多年已过去，如果我们的观念止步不前，只能从优美的角度欣赏作品，相对于不断接受新信息的孩子们来说就很落后了，两代人之间的不同步将带来交流的障碍。

在一种新的观念下，日用品与艺术品在现代已不分你我。这种观念来自杜尚——艺术的目的不是"取悦眼睛"，而是服务思想。如此，艺术的领域大为拓展，不再疏离于生活；同时，器物的艺术性维度也大为拓展，它们甚至不必具备美的形式，就能在艺术家的创造性发挥中成为艺术品。

图 15-5　泉，马塞尔·杜尚，1917 年，摄影：阿尔弗雷德·斯蒂格利茨（Alfred Stieglitz）。

在当代十分常见的装置艺术（Installation art）亦是在此观念下发展而来的。第三章提到的史基浦机场实时时钟即为一例，而且很独特：那枚由时钟"装置"成的时钟，现在不仅是艺术品，还是在使用中的实用物。

图 15-6（P168）中由毯子堆成的当代作品，毯子不是店里的新商品，而是来自当地社区的家用旧物；挂在毯子上的标签不是商标，而是对每一条毯子背后故事的记录。这件作品表达了母女之间既关爱又冲突的关系，以及对母系先祖的纪念。

图 15-6　天行者/摩天大楼（女族长），英文名为 Skywalker/Skyscraper（Matriarch），跨学科艺术家玛丽·瓦特（Marie Watt）的作品。美国新地艺术博物馆展品。

这一类作品的形象常存在于书籍、杂志、网络，实体则在下一章将提到的一些展览、展馆中出现。它们的美感所关注的不是形式优美，关于这一点第四章已经谈过：美感在形式美之外，有力量、生命力、趣味性，还有对社会文化发展的深层思考，与经济制度、商业的关系也不可忽略。审美中与形式美对立的另一面被挖掘了出来，美感变得复杂丰富，不再那么直接地叫人开心、让人笑，而是埋藏得很深，引人思考——这已经意味着审美促进人发展的全面性了。

　　当代的艺术和工艺都有了多重的美学追求。当美的创造可以不是创造美的形态，而是直接运用器物原本的形式来创造意义时，器物之美从外形走向了被所赋予的内在意义。领悟作品所表达的意义，是比视觉感受更深层的审美体验。因而，对人类文化发展的了解，不仅要关注本土传统文化，而且需将视野拓展到更广的范围、更新的进展。

第十六章
运用家外器物育美的途径

育儿涉及家庭之外更为广阔的空间，孩子更多地成长于与他人、与社会的互动。家庭中的器物多为必用品，少而实用，育儿自然需要将家庭之外的众多器物运用起来。

一、看展：震撼之余的探索

看展和逛馆可以被纳入我们的亲子活动，以亲临其境甚至互动的方式，让孩子在与古代工匠师傅、现代设计师的审美观念进行交流时，发展自己的审美素养。

展馆类型多、分布也广，各省区市有诸多博物馆、美术馆、科技馆及其他一些展馆。很多博物馆提供电子影像，或设线上展厅、在线活动，一些展览还制作有3D数字形式，孩子既可以在家中运用网络观看展品，又可以在赴博物馆、科技馆、美

图16-1　商皿方罍，湖南省博物馆收藏。摄影：Huangdan2060。

术馆等展馆时，带上电子设备进行关联作品的信息查找。

孩子们逛博物馆时，常为古代器物的壮丽和精美所震撼。这件湖南省博物馆藏的皿方罍，又高又大，纹饰非常华丽，是商代的作品，令人感叹中国青铜鼎盛时期成就之辉煌。

震撼之余，可以启发孩子了解一下衔环与兽首錾，听一听皿方罍出土之后器盖与器身分而复合的故事，看一看青铜器铭文。不说孩子，大人也不必认识铭文，但是可以了解古代文字有趣的一面。

当孩子有疑问时，最好鼓励他们查资料，而不是依赖解说词，因为考古是一门发展着的科学，对文物的现有理解不一定准确无误。与科学界不断推动自己发展一样，质疑、探究的精神也很有益于孩子素质的发展。

传统与创新是现在工艺界非常关注的概念，博物馆的活动体现了这一点，这样的活动可以为看展的孩子带来一些新的思考。如浙江省博物馆所举办的"青出于蓝——龙泉青瓷传承与创新展"。

二、探馆：真与美协同成长

去博物馆、美术馆等逛一逛，探一探，毋庸置疑能了解文化之美，除此之外，展品还经常能培育青少年多方面的能力。漂亮的唐三彩不仅可带领青少年学习和理解知识，还能开启化学元素的感性认识之门。这种低温釉陶器的彩色源自矿物中的铜、铁、钴、锰等元素。工匠师傅在陶胎上施以色料釉浆，烧制时色料伴随着釉浆的融化在陶胎面游走混合，形成鲜艳流动、斑驳混溶的彩色。其中，矿物的还原反应及与其相对的陶瓷烧制氧化烧方法、釉与胎体的膨胀系数问题、火候与辐射热，无一不是孩子学习物理、化学的知识要点。在本源上，器物美就是物理、化学等科学知识所成就的，只是古人尚不知那属于科学而已；在发

图 16-2　元代浑仪复制品，明代，北京古观象台。摄影：Kallgan。

展上，科学美在当代不断推进着器物美的创造。对器物的探究能帮助青少年形成对科学美的感性认识，在此基础上走向深层次的理性认识，最终体验到科学的内在之美。

逛馆不一定限制在室内场馆，比如天文台就在室外设有科学仪器。北京古观象台是拥有悠久历史的天文台，图中的浑仪既壮观又精美，表明中国古人早就以测量的方法来探索天体运动规律的奥妙。人类在历史长河中不断的求知与探索促成了科技发展，凝结在科学仪器上。仪器的美不仅仅是协调、精确的形式美，更是融汇了科学精神、理论与方法的秩序美，在美感上容纳了极为丰富的意义。欣赏和认识这样的古器，不仅在乎感性，而且在乎理性，真与美交织，共同成长。

现在各地不少博物馆、科技馆、美术馆等推出了面向家长和孩子们的活动，有周末的，还有适合暑假的，让孩子在艺术与科学氛围中边玩边学。

三、探寻：传统与潮流的文化趣味

古老的传统器物和现代的潮流器物走到了一起，地点居然是博物馆，可见这原本遥遥相望的两端在文化趣味上具有某种一致性，被知识渊博、嗅觉敏锐的博物馆捕捉到了。

艺术品在当代涵盖范围甚广，不仅有上一章提到的装置艺术品，还有出自设计师之手的家居用品。在这两类同为日用品的作品中，现代装置艺术将日用品点化为艺术品，设计师作品则见证了现当代人们的生活艺术。其中，装置艺术品的互动性很强，有的需要亲身参与才能体会，有的则需要认真阅读包括名字、作者、创作背景等在内的文字解说。

看设计师作品，估计孩子会觉得眼熟：这些作品现在已经进入了普通人的生活，原来它是这样诞生的！比如图 16-3（P174）这把半透明的幽灵椅，形制渊源于 18 世纪流行的路易十六椅，当代法国设计师菲利普·斯塔克（Philippe Starck）以其"民主设计"理念大为降低了椅子的成本，他精心的设计改变了塑料材质的廉价感和脆弱性，透明却

图 16-3　路易幽灵扶手椅（Louis Ghost Armchair），2002 年，美国新地艺术博物馆展品。

稳定的椅子，为家居环境带来轻质、优雅、简洁的美感。

颇具前沿性的展品在美术馆、科技馆和现当代艺术博物馆不少见，展示了当代工艺的新进展。不一定非得是藏品，展馆会举办一些交流活动来展示当代艺术家、设计师的作品。如北京的中捷当代美术馆，于 2023 年举办了"让人们生活在艺术之中——捷克立体主义"特展，百年回顾展中的陶瓷、家具等展品现在都投入了生产，成为当代实用商品，即第七章提到的捷克立体主义家居物品。

传统器物不仅仅有前文提到的青铜器、瓷器、玉器、漆器等受关注度高的器物，还有一些比较小众的文物，如简牍。中国先人在尚无纸张时，用这些竹木片来书写文字。长沙有一家收藏、保管、展出简牍的专题博物馆，不仅免费参观，还设有各种家庭亲子活动以及面向青少年的假日实践活动。

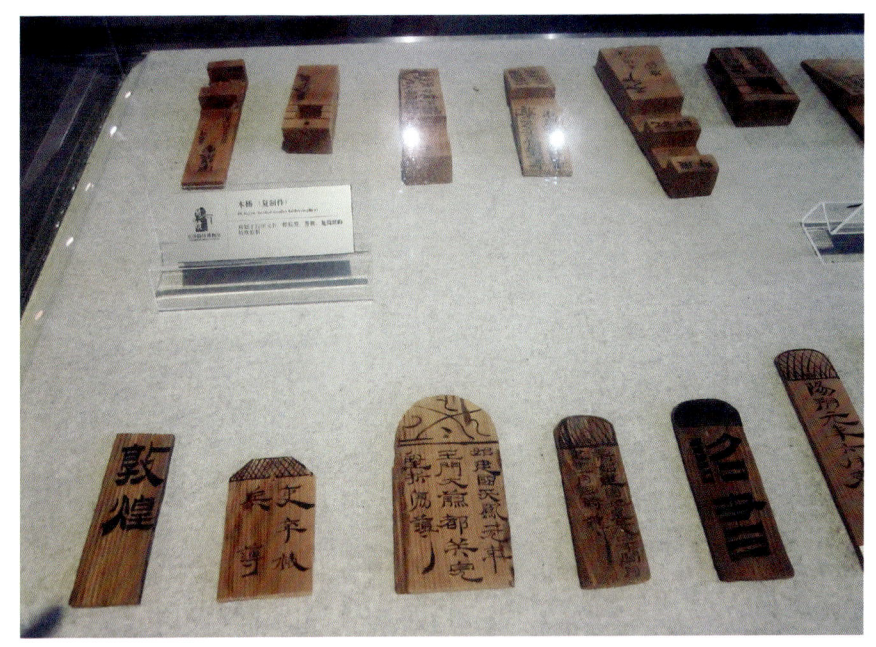

图 16-4　木楬（复制品），长沙简牍博物馆展品。摄影：Huangdan2060。

很多传统手工艺之花绽放于民间各地。古镇、古街往往开设有小型的博物馆，专门收藏传统器具，像农具、竹木器之类。传统手工艺品还被一些地方博物馆收藏，如山东潍坊世界风筝博物馆，就展示了各种各样的风筝。历史悠久的传统游戏项目放风筝，现在仍然是孩子们喜爱的活动。

在当前的商街、集市，也可以发现很多传统手工艺品的制作或使用过程，油纸伞、传统布鞋、蓝花布印染、圆木工艺……各有地方特色。无论是小镇、街头还是博物馆，都不难看到设有孩子动手参与的项目，如皮影的操作、灯笼的制作等，将传统文化的趣味性在欣赏和操作中展示开来，无数细节吸引住孩子，让他们自己细细体会。

四、玩乐：休闲时光中的诗情画意

孩子们的日常休闲时光是怎样度过的？除了"家庭用器物"一章所谈到的玩游戏、制作、看书、看电视等，逛公园、逛商场、与朋友约在一起玩、去手工馆，应该都是很普遍的活动吧，但其实都可以充满诗情画意。

在社区中心，或者约在某个孩子家里，或者在商场、公园、书店的游戏中心、手工坊，孩子们在一起玩游戏、做手工，无论是下棋、捏橡皮泥、堆沙子、玩毛线还是堆小木块，人与材料的接触，孩子与朋友们一起的活动，都是人与物、人与人非常有意义的对话和交流。不同材质、不同形状、不同颜色、不同人的感觉，在悄悄培育着他们的感受力、智力和情感，还发展着他们的社会性、生理机制和创造力。

即便只是在一起玩剪拼纸这样的游戏，孩子将好玩又好看的纸片剪剪拼拼、折叠摆放，观察到各种几何图形是如何形成的，心中将产生清晰而又动态变化着的图像。这种真实的体验带领他们主动地从感受走向思考，理解不同形状，以及它们之间的关系。在带有设计味道的手工活动中思考问题，数学思维与拼贴画式的审美效果如影随形，这颇有立体派的意味——以解构、拼接来发现物体本质，此时的各种小物，其形式具有了审美和知识的双重意义。

小朋友们一起玩，还是发展合作精神的好时机。团队合作经常在体育活动中被强调，但同样出现于美育之中。孩子们的集体性游戏类、手工类项目，需要他们相互支持来完成。当孩子们最终看到齐心协力创造出美的作品时，将领悟到合作的意义。即便大家分别完成自己的作品，但是小朋友们在一起做手工，就会有互动和互助，而且会相互影响：包括竞争和相互学习。最终，当看到个人成果汇集在一起所产生的美感

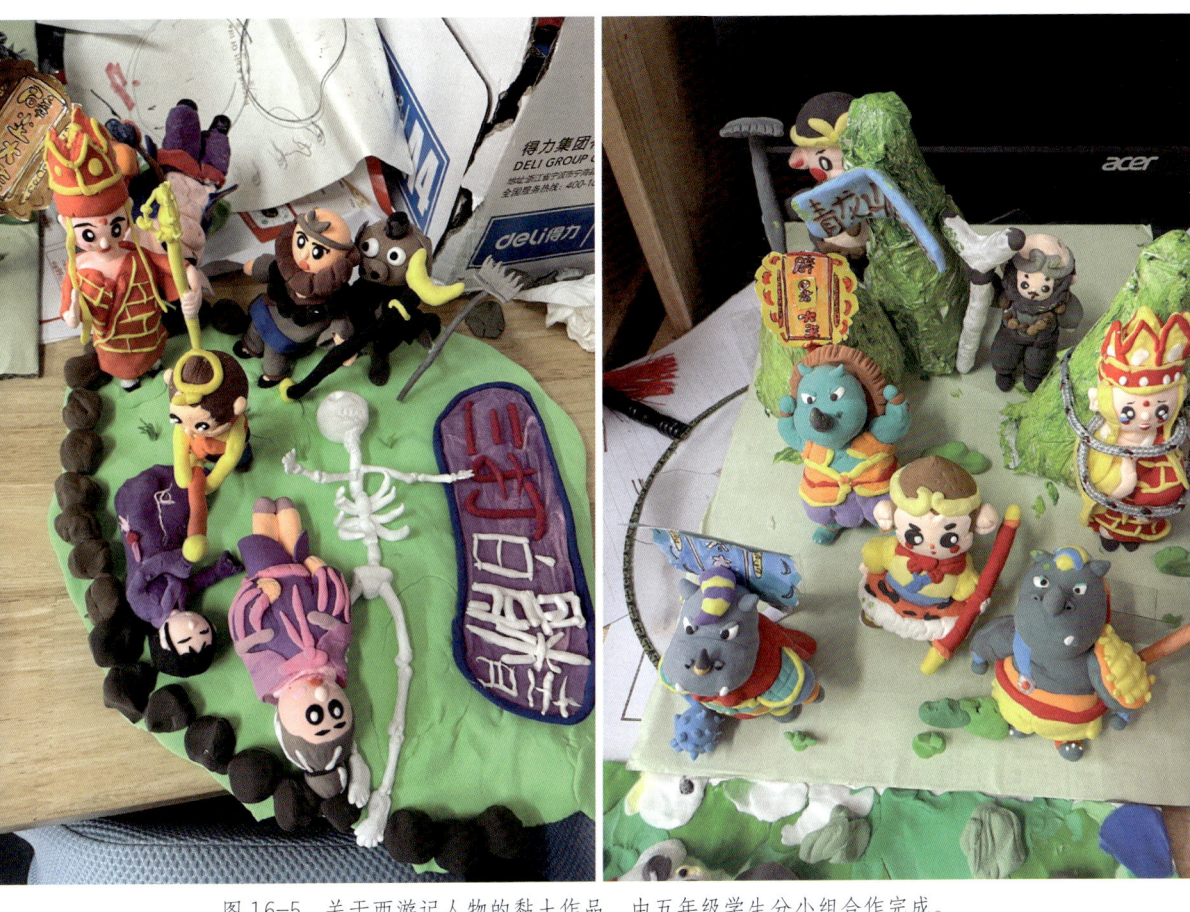

图 16-5　关于西游记人物的黏土作品，由五年级学生分小组合作完成。

时，也会感受到集体的力量，如同在野外，看到一朵孤零零的花与看到一片花海在视觉效果上所产生的巨大差异。图中为小学美术课作品，孩子们在课外有更多时间延续这样的活动。

商场与公园并不都具有诗情画意，也不是这些场所的所有项目都适合孩子，家长需要做些功课进行选择。很多大型商场、书店等设有面向孩子的游戏室，街头也有不少美工作坊，包括工艺品制作、陶艺制作、

图 16-6 商场里的陶瓷色彩绘制室一角。桌旗的颜料喷洒图案仿佛在暗示着色彩配置的自由性。

色彩涂绘等。孩子玩的填色游戏在数十年前还是按照图样填色，但如今已完全不同。在这些场所参与亲子活动现在是不少家庭的选择，其中一个很大的优势就是前文所说的孩子们在一起合作与互动。对于指导老师来说，至关重要的一点是了解孩子：拥有儿童心理发展的知识，对于指导孩子有自己的判断和思考。艺术与教育是两类完全不同的领域，艺术家很可能并不胜任儿童美育。

五、选择：以秩序统合复杂性

家中的、家外的，以器物为载体的育儿活动如此之多，是不是太复杂了？家长如何选择？孩子的发展是复杂的过程，这使家庭美育具有相当的复杂性，当我们理解了这种复杂性，就会认识到，理清秩序，是以有序来统合复杂性的前提。

为何说家庭美育是复杂的?

孩子从咿呀学语、蹒跚学步,到掌握了有一定技术含量、知识基础的各种技能,总是在和人、物、环境不断进行着交流。信息来源于很多方面、诸多细节,不同的影响并不孤立地发生作用,而是相互交织着。因而,教育本身就是复杂的,说起来,人人都懂教育,真正实践起来,又大多发现自己一知半解。

尤其是,时代在发展,观念在更新。关于怎样才美,人们历来心中有着无数的新旧对抗。审美的社会心理发展具有否定、超越的一般规律,但又总是将必然性与偶然性错综交织在一起。审美的观念在一代代人们之间,总有不可言说的差距。审美必然是带着时空烙印的复杂鉴赏过程。而且,美感出自个人情感,审美还是一种心理各因素的协同活动,这在本书前面章节都已作分析。既然器物审美是一种内心的活动,当然深刻而复杂了。因而,美育比一般的教育更加复杂。

复杂而有序大概是器物之美最为本质的特征之一,秩序使复杂获得了协调的外观,复杂使秩序拥有了丰富的内涵。人类制造器物,正是以秩序统合了复杂性,才形成器物之美——形与色、质感与触感、感知与意义,共同形成某种节奏和韵律,欣赏者于是产生了共鸣。**家庭美育运用器物时,也同样需要找出复杂之中的秩序,形成育儿之美。**如第十三章所说的,秩序不是循规蹈矩、排列整齐,而是千丝万缕中的线索。

千丝万缕的家庭美育,其秩序的线索就是时空。当然,时间与空间是交织在一起的,不可分离。

空间线索即充分发挥不同空间器物的审美价值。这不是鼓励要去远方,虽然适当地与孩子一起旅游确实收获良多,但实际上好地方经常就在身旁。在本章和上一章中,所列举的器物都离我们很近,即便很远的,也可以在纸质或电子媒介上出现。关键是,它们是否被注意到了,是否触发了好奇心以及接下来的探究。比方说，电视里看到西方人喝茶用一杯一碟，为什么和家里的完全不一样？中国文化与西方文明就在其中隔空对话，需要我们以综合的、发展的眼光，关注世界各元素的联系与变化，理解美之元素在不同历史阶段、不同地域之间的相互碰撞、冲突、融合。

空间线索还表现在孩子与外部世界的交流。互联网、物联网、新材料、人工智能，簇拥着我们来到了一个信息爆炸时代。孩子与外部世界的交流，并不只有一看便知的上学与老师同学交往、课后与亲朋好友交往，他们得到的信息常常来自书刊、媒体材料，如上一章张秋实小朋友的例子。孩子们所接触的美学理念，也许就位于时代前沿，如上一章杜尚作品《泉》的例子。所以对于父母来说，以宽阔的视野来看待世界的发展是很有必要的，如此才能理解新的生活形式和思考方式，让自己的知识和观念与时俱进。

时间线索是每个孩子自身的发展之序，这个序是怎样的，为下一章的内容。

第十七章
器物运用如何循序渐进

审美不是一门知识、一项技能，孩子审美素养的生成不能直接由父母去教、孩子来学，因此父母面临着两难：不可以无视美育放任自流，但管多了，审美又会失去自由本真，到底要怎么个"管"法呢？关键在于把握住循序渐进之中的"序"。本书第二篇专写各类审美素质在器物审美中的形成，第三篇又谈了实践途径，但不同年龄段的孩子能达成哪些方面素质的提升，适合采纳什么途径？这就是本章将要谈的问题：在了解"序"的前提下，说说如何循序渐进。

一、发展之序

"循序渐进"中的"序"，即人的感性—理性发展秩序。无论智力、感知觉，还是情感的发展皆如此。那是怎样的序呢？

1. 从运动开始

人之初，认知与情感皆从运动开始，并在运动中发展。从循声转动头部寻找妈妈，到抓弄自己够得着的所有物品，婴儿全凭动作来表达自己。可别小瞧了他们眼、嘴、手的运动，正是这些从简单到复杂的运动推动着智力与情感的发展。

稍长大两岁，如果能接触到颜料或者蜡笔之类的东西时，他们便开始随意地涂来画去，享受着鲜明的色彩，以及手与头、眼相配合的身体协调运动。父母可能不会意识到，这就是孩子创作的开始：涂鸦。

仅在几年之间，这种运动就逐渐使画面清晰起来，因为大脑能有意

图 17-1　不同年龄孩子的涂鸦。左图为一名两岁的孩子正摇头晃脑、以手腕的随意抖动来涂绘线条。右图为一名六岁孩子的地面粉笔画,她称之为"蛋糕",多彩色块是她对昨天生日蛋糕的快乐印象。

识地控制手的运动了,思维、情感、动作变得协调。线条变成了一定的形状,像是圆圈。大脑开始想象了:接触到好看的、好玩的,想画下来,还给自己的涂鸦取名字,进入了艺术教育家维克多·罗恩菲德所说的"命名涂鸦"阶段。

2. 感知觉与创作能力的发展节奏

感知觉与创作能力同时发展但不同步,不一致的发展步调使二者错综交织在一起:

同时发展——感知觉与审美愉悦都与生俱来,随后都在前有基础上,与智慧一起逐渐发展、丰富,将之前的基础纳入当前结构。

不同步——更为复杂、高级的审美和创作的能力进一步发展,需要建立在日臻成熟的感觉和认知基础之上。创作成果的变化,反映的不仅是创作能力的发展,也是审美观的变化。

大约从 2 岁开始,幼儿能说出自己所感知到的外部世界:叔叔、毛巾、小车、下雨……并运用在游戏中。这其实是一个复杂的渐进过程：先是在头脑中为这些事物创造"示意图"，后来添加了自己的想象，又说出来。比如：外面下雨了，小朋友说"下雨啦，给小车盖上"。语言就是用符号来表达，给自己的玩具小车盖上，是游戏中的象征。表达与象征都有，所以叫"表征"。

绘画的表征稍晚几岁才出现。这时儿童画变得有目的、有意识，表现自己的想法。他们画圈、画线条，描述爸爸妈妈、玩具、日用品、花草等他们喜爱的或与他们亲近的形象。

知觉与创作在发展中相互支持，逐渐依序发展。儿童早期的视觉体验还不能区分细节，因此画画和捏塑的创作也是很粗略的。在儿童的认知中：线条之后才有形状，不规则曲线之后才有直线，垂直水平线之后才有斜线。

与此一致的是，儿童在产生了空间概念时，绘画才让人物、房子都站在水平线上，不再随意漂浮。之后，他们知觉到斜线在平面上表达立体空间，开始用遮挡、近大远小等来表达空间感。于是，儿童的创作越来越具备了写实的可能性，不仅在形状上，而且在其后产生了真正的色彩概念，与之前根据自己喜好来用色不同。

图 17-2（P184）兄弟俩作品的对比，表明了空间感、色彩感、写实性在孩子发展中的变化。

哥哥八岁，作品（上）反映出上小学的他已具备了空间概念：人物近大远小，较远的人腿部为手持钓竿的人物所遮挡；湖岸的斜线表达出了空间感。用曲线、折线、直线分别代表水面、小草和湖心堤，切近实际。

弟弟六岁，作品（下）色彩鲜艳，很有趣，小湖看上去像一座房子，人物就像是站在屋顶上，右边的人物更近，却比远处人物小。水中荷花

图 17-2 小湖捕鱼图。兄弟俩送给爸爸的生日礼物,爸爸经常带他们去捕鱼。

也吸引了他的注意。

3. 两个分水岭

学龄约 6 至 7 岁，儿童发展较为明显，这从上图兄弟俩画作的不同可以看出来。在小学阶段，儿童逻辑思维能力开始发展，并以此分析问题。同时，由于进入了集体生活，儿童不再只关注自己的身体和情感，而是注意到人与人、人与环境的关系。在个人逻辑思维与社会生活的内外双重影响下，在审美时，儿童喜欢写实的艺术品，随着年龄增长，逐渐能体会他人不一样的审美观；在创作时，会考虑用什么形状、什么颜色来组织自己的作品，进一步地，还开始注意细节。

第二个分水岭大致在 12 至 13 岁进入初中时，青少年认知结构的发展此时达到高峰，他们能对各类不同问题进行逻辑推理。在审美和创作中，他们客观理性地思考问题，欣赏有表现性的艺术品，也有意识地探索自己的风格。

以上对孩子成长之序的归纳，源自近代以来心理学家、教育学家们在深入探索之后所给出的结论。其中，瑞士心理学家让·皮亚杰对儿童成长的研究尤为重要，他的思想启发了美学、艺术教育家们如帕森斯、阿恩海姆。皮亚杰的研究奠基于多年对儿童成长的观察和在学校进行的实验。同样地，艺术教育家维克多·罗恩菲德也是基于多年的实践，而为美育提供了思路。

值得提出的是，**秩序并非一成不变的齿轮运转**，这在第十三章已有叙述。而每个孩子的发展又有个体特征，因此"大致情况"总是包含着年龄上的差异。

二、遵从孩子的眼光，保护本真的原创性

学前的孩子具有本真的原创性。在图 17-2（P184）六岁弟弟画的

捕鱼图中，湛蓝的湖水，嫣红的荷花，小湖竟这么美丽！这不是我们平时看到的那个湖，而是孩子心里的湖。这幅不那么写实的画，却让人一看就知道小作者很开心。这个阶段的孩子具有敏锐的感知觉，直到约七岁之后，知觉才会接受智慧的指导。① 之后，受到与透视相关的遮蔽概念指引，才顺理成章地觉得：荷花不会都被看到，而且占据那么大的湖面；远处的人物应该比近处的小。也就是说，孩子大概在上学之后，直接与感觉相联系的知觉可能逐渐会为智力所压制，反而迟钝起来。因此，学前期是孩子发展很宝贵的阶段，父母越是以成人的"正确"标准，试图通过教来促进孩子的思维发展，越是可能削弱他们的知觉。

父母都力图为孩子提供好的东西，"好"却常常依据的是成年人的标准。婴儿用品大多采用粉粉嫩嫩的颜色，这是设计者知道父母们的偏好。对于婴儿来说，从第一序便可知，环境的布置主要是为他们的运动创造条件、保障安全。采用什么颜色根据具体情况而定，但肯定不是一片粉红或粉蓝，眼和头部的运动需要各种颜色和变化。

图 17-3 小女孩特别喜爱动物，周岁生日时父母为她布置的派对场景。

---

① 皮亚杰，英海尔德. 儿童心理学[M]. 吴福元，译. 北京：商务印书馆，1980：34.

幼童喜欢抓家里的各种东西，经常将物品挪作他用，别忙着纠正他们。几岁的幼童尚无复杂的空间秩序感，因此需要从一大块可以取物的安全空间来开展自己的探索。现在流行的游戏垫、围栏，就出于对此的考虑而设计。他们开始乱涂乱画，当父母用诸如"弄错了、不像、搭得不稳、弄脏了地面"等来评价孩子作品时，都是无意识地采用了成年人的眼光。

孩子有自己的判断，尽管不成熟，但他们需要自己慢慢摸索，而不是接受父母所给予的概念。罗恩菲德告诫我们：当"接受"成为习惯时，儿童的主动性和创造性将受到阻碍。父母们需要理解儿童的世界，了解感性和理性发展的秩序。

三、依循成长的秩序，自由展开探究兴趣

孩子各种素质的渐进发展，意味着"跨越"总会伴随着某些方面的遗落——在认知尚未成熟时学习技能，比如在空间概念尚未建立时就学习素描，儿童只好依样画葫芦，可以画出很有美感的葫芦，但越是画得好，越是促使儿童放弃自己笨拙的创造，而按照别人的思路来实践，天生的创造力就这样被模仿倾向抑制住了。揠苗助长或者急于求成，往往让孩子以为自己缺乏天分，从而更为深远地影响他们未来的学习信心和探究兴趣。

如何在家庭育儿中体现出器物运用的渐进特征呢？

婴幼儿期关注运动与原创。

在早期，父母可以鼓励孩子不假思索地涂涂画画、捏泥巴，重视运动的作用。并非要从小培养画家、雕塑家等艺术家，也不一定要培养出诸如此类的业余爱好，而是让孩子随心所欲地运动他们的手和眼，美美地玩起来。这时，为孩子提供涂鸦或捏塑工具，重在材质安全、简单易

操作。随着孩子长大，如果开始探索手工制作、绘画，别急着指导孩子临摹作品、填绘色本，学前至小学低年级阶段，都没有必要练习书法、学习素描。这些活动都很容易限制孩子的自发性思维。

学龄期关注集体与互动。

上学之后，孩子的审美素质越来越具有社会性的特征，这时，集体活动、社会交往对孩子的成长非常重要。在学前儿童心中，美是自己喜欢的，比如图 17-2（P184）中，弟弟的画就表明了这一点。在少年心中，美是反映真实世界状况的，这就有了很大的变化。社会化的学校集体生活对孩子来说远胜过读很多书，这时，他们将外部世界、外在社会性内化为个人的感受和认识。因此，交往与竞争、互助与互学，成为各方面素质成长的重要途径。很多平平常常的活动需要相互配合，实际上就迈向了前文所说的团队合作。

青少年期关注学校学习进展、青春期变动。

这一阶段的孩子在学校度过的时间较多，与社会的联系也日益增加，思维发展很快，一般情况下迎来了青春期。随着与社会互动的增加，孩子的审美素养将有明显的社会化倾向，即能够综合自己对社会文化的理解，而觉察出审美对象表现出了怎样的社会现象，体现出了怎样的社会意义。因此，这时需要了解孩子在学校各学科的学习内容，以建立起学校学习与器物审美之间的联系。比如，描述器物的诗词，或印刻在器物上的诗词，语文课还没学到那么多、那么深，强调诗词意境就为时过早；尚未学化学，欣赏唐三彩就不能涉及化学反应所体现出的科学美。孩子在青春期阶段可能会在自己的作品中体现出不安全感、叛逆等因素，也呼唤着父母的了解和关注。

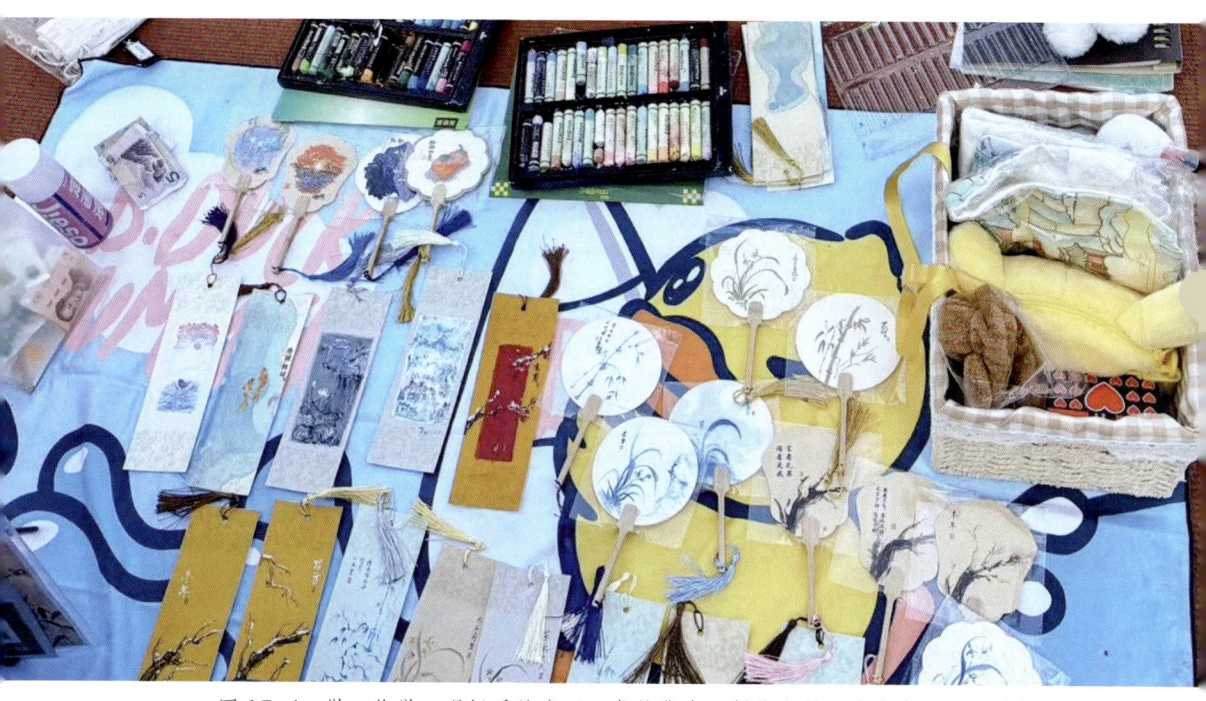

图 17-4 勤工俭学，现场手绘扇面、书签售卖。创作者是一名高中生，她对中国传统文化与当代市场因素关系的理解，反映在文化用品的书画特色上。

四、细读孩子的作品，倾听他们的心声

并不是所有的孩子都要成为艺术家，这在第六章说过，那涂涂画画、捏泥塑、玩沙子，为什么又很值得提倡呢？其实，这些活动的过程不仅是孩子在练习自己的身体和心理的过程，而且是家长更深入地理解孩子的过程。对于孩子的作品，家长细细品读，可以听到他们的心声。

儿童的绘画、捏塑和堆沙子作品在成人看来都并"不像"，但对于他们来说，恰恰就是自己想要表达的形象。他们用橡皮泥捏出的动物可能是几个棒棒接一两个球球，用黏土做出的人脸可能类似三星堆出土文物，用沙子堆出的房子可能是一个沙堆加几个洞洞。

画画因为简单易行,更具有表达心声的效果:他们画赏月,月亮在画面中最大,还带有太阳那样的火焰射线;画打球,人的手绕到了脑袋上,跟整个身体差不多长;画睡觉,身体透过被子显露了出来。

总是与家人开心相处的孩子,常常画与爸爸妈妈玩;比较孤独的孩子可能会更多地画玩具、物品等。这样的画多么具有表现力啊!表现的是他们头脑中所想、心中的感情。

因此,如果要说为孩子购置哪些玩具,就美育来说,针对性最强的应该就是绘画相关工具了,如蜡笔、彩色铅笔、颜料、纸张、画架等。细心观察的父母可以从孩子的画中读出他们关注什么、喜欢什么。当然这指的都是未经规定和指导的作品。如果孩子依据自己的兴趣爱好参加了课外兴趣班,如绘画、美工等,家长最需要关注的不是成果的优劣,而是通过交流了解其制作的过程,理解孩子作品所反映出的情绪、性格特点。

图 17-5 爸爸形象置物盘。两个小朋友在父亲节陶艺制作活动中的作品。通过孩子的手工制作、爸爸的现场参与,两代人在捏塑、观察、联想中交流。

五、并非线性秩序：在开拓与重返中回旋式发展

儿童作品充满稚拙淳朴的天然之美，让历代很多艺术家赞叹和模仿。孩子心智发展的过程，是不断地进行自由创造的过程，他们感知到了外部世界，并非将其原原本本复制到头脑中，而是主动用自己的思维进行建构。因此，他们的作品不仅天真烂漫，而且颇具创造性的魅力。罗恩菲德对艺术教育进行研究后发现，儿童还是天生的设计师，对律动、韵律具有独到的表现力。①

就像现代人时常从人类早期文化中寻找灵感一样，成人模仿孩子

图17-6 虎头帽。小朋友根据中国传统纹样设计，王字与鱼鼻的蓝色，额与眼的红色，胡须与额眼描边的黑色，都使用得颇具韵律感。

---

① 维克多·罗恩菲德. 创造与心智成长[M]. 王德育，译. 杭州：浙江人民美术出版社，2019：149.

（也许是孩提时代的自己）的行为屡见不鲜：输入法中常见的笑、哭、困等表情包，采用的都是儿童用圆来表示脸的法子；办公室里白板上解析思路的那些圈圈线线，乍一看与儿童画十分相似。小孩也常模仿大人，相互的模仿各取所需、各有其美：小孩出于对复杂世界的好奇，大人出于对小孩纯净世界的向往。这就是发展的秩序：不断丰富复杂起来，又不断从过去的简单中寻找美的灵感与情感。所谓回旋，其实就是螺旋式上升。

看孩子个人的成长历程，在审美和创作中，同样也呈现回旋式的反求诸己：

学前期——审美凭借直觉，创作则表现自己的情感。图17-2下（P184）。

入学后——审美与创作都倾向于写实。图17-2上（P184）。

中学以后——欣赏和创作再次注重作品对情感的表现，这种表现性不仅发展到了更高水平，而且具备了社会性；不仅表现自我，还表现人与人、人与物的关系。图17-4（P189）。

成年之后——审美又在另一个层面上回归为自我，但又提升到了拥有自主判断能力的新阶段。

孩子审美素质的成长总体上就是如此：既渐进有序，但又并非线性发展。让器物助力于其中，需要父母有意识地根据孩子当前的特点进行选择。教育界提倡"跳一跳，够得着"的教育目标：伸手就能拿到的，孩子没兴趣去探索；遥不可及的，又让孩子望而却步。因此，**那些美的内涵与外延正好适合孩子跳起来够一够的器物，颇具美育价值。**

器物之美对孩子的熏陶，是创造美的那些要素缓慢而有力地进入孩子心中的过程。当他们看到传统手工艺品时会感到温馨自然；当他们使用现代日用品时，会觉得实用有趣——凭直觉，美感便已产生。同时，他们欣赏手工艺品的故事性、文化性，赞叹现代设计作品的新鲜巧妙——这些与理智、知识有关。他们可能还由手工艺品联想到清明上河图，想象着自己在宋朝街道上逛铺子、看杂耍；由日用品联想到有趣的生活场景，想象着自己未来的生活——知识携手情感，自由挥洒。你看，直觉、联想、想象伴随着综合、记忆、比较，各种能力无不贡献于人的审美趣味。

这种无需参加考试的美育，比正襟危坐在教室里上课来得自由、易行，但又挑战着父母们在历史文化、社会发展、教育、美学多方面的知识储备，以及视野的开拓与更新。不过，迎接这些挑战，成年人自己不也获益良多吗？如果育儿成了充满情趣的过程，生活何其不美？

后　记

历经数年与数次修改之后，这本书稿即将付梓。其间有前同事善意问询：出一本完全没有课题资助的书，是想做出一点文化贡献，还是多年工作经历积累了教育情怀？

我想，说贡献，谈情怀，那都是拔高自己了。之所以还能有这样的心情和条件，最重要的因素是来自家人的支持。先生和女儿在时间、经济上，特别是在情感上，默默地、无条件地且又认真地给予我关心和鼓励，让我能较为自由地用审美的眼光来看待个人生活的巨大变化，看待社会周遭的阳光与风云。

于是动笔分享，就像是在讲一个故事，或许讲得不动听，但有一些感悟，有一些积累、阅读、经历、经验，想向更多的人分享，而不像从前在大学那样，学术专著不是被自己束之高阁，就是仅仅与狭窄领域的研究者们交流。

这样的分享本身就是一种自由吧。在分享的自由中，我更深切地体会到：有一种非常自由的自由，即审美；有一种无需高级的自由，即器物审美。

有很多人要感谢！

要特别感谢福建教育出版社江金辉社长对本书的大力支持。以器物为切入点来探讨家庭美育，这一想法最终成为美育通俗读物，成为一本读者定位清晰、排版美观的书，得益于江社长深耕出版领域所形成的丰富出版经验和他对青少年成长长期关注所形成的独特视角。同时，非常感谢刘筠、季凯闻、林超对本书所做的大量工作。

  插图是一个很大的问题。谈审美不配图，毕竟少了些意思。书中有一些图片来自于自己平时所拍，想着与大家分享。而一些涉及儿童的图片，由于自己孩子已长大成人，家里找不出相关作品，不过幸得年轻朋友们的鼎力支持，才让我获得了不少来自真实场景且与时俱进的图片，尤其充实了"第三篇　家庭育儿运用器物之美的实践"的写作。这些朋友包括（按拼音排序）：曹学武、贺征、罗曦、徐丹、熊弋帅、余亚华、翟梓琼、周旖莺、朱海波；作品的小朋友作者们（包括但不限于）：曹家齐、郭彦池、何昊宸、何昱林、李子睿、罗昱翰、谭朝、王梓宁、谢涵麟。

  非常欣慰终于出版了一本关于审美、美育的图书，愿朋友们在生活中时常拥有美的体验！

李碧虹
2024 年 6 月